日本を前に進める

河野太郎
Kono Taro

PHP新書

はじめに

こんにちは。河野太郎です。本書を手に取ってくださって、ありがとうございます。

振り返れば、一九九六年十月の初当選から二十五年が経ちました。その時々に国の課題だと思っていることに全力で取り組む、そしてまた、与えられた役職に一生懸命、力を尽くす。これを積み重ねてきた二十五年です。

小泉純一郎内閣で、総務大臣政務官、法務副大臣、麻生太郎内閣のときに、河野洋平議長の下、衆議院外務委員長、安倍晋三内閣で国務大臣、国家公安委員会委員長、行政改革担当、国家公務員制度担当、内閣府特命担当大臣（防災、規制改革、消費者及び食品安全）、そして外務大臣、防衛大臣、菅義偉内閣で国務大臣、行政改革担当、国家公務員制度担当、内閣府特命担当大臣（規制改革、沖縄及び北方対策）、新型コロナウイルス感染症ワクチン接種担当と、おかげさまで、政治家としていろいろな仕事をさせていただきました。

この本は、河野太郎という政治家が、これまで何をやってきたか、そして皆さんと一緒に、これからどのような国や社会をつくっていこうと考えているのか、その考えをまとめたものです。

この本のタイトルを『日本を前に進める』としました。

バブル崩壊後の「失われた十年」が、ずいぶんと長い「十年」になってしまいました。一九九三年から二〇一八年の四半世紀のG7各国の一人当たりGDPの伸びを見ると、

米国	二・三七倍
英国	二・三一倍
カナダ	二・三〇倍
独国	一・八九倍
仏国	一・八五倍
伊国	一・八四倍
日本	一・一〇倍

と、日本だけが伸びていないことがわかります。

さらに少子化にも歯止めがかからず、日本の人口構成も、次の世代の人数が前の世代よりも少ない逆ピラミッド型になってしまいました。

日本の高齢者（六十五歳以上）の数を現役世代（十五歳から六十四歳）の数で割ってみると、

一九六〇年　八・九％　現役一一人で高齢者一人を支える
一九七〇年　一〇・〇％　現役一〇人で高齢者一人を支える
一九八〇年　一三・五％　現役七・五人で高齢者一人を支える
一九九四年　二〇・二％　現役五人で高齢者一人を支える
二〇〇〇年　二五・五％　現役四人で高齢者一人を支える
二〇〇八年　三三・六％　現役三人で高齢者一人を支える
二〇二三年　五〇・二％　現役二人で高齢者一人を支える
二〇四〇年　六七・二％　現役一・五人で高齢者一人を支える

となっています。

また、急速に進む気候危機の決定的な影響を避けるために、世界の科学者の集まりであるI

PCC（気候変動に関する政府間パネル）は、二〇三〇年に世界の電力の五〇％から六〇％を再生可能エネルギーでまかなうことが必要だ、というシナリオを二〇一九年に発表しました。

この呼び掛けに応えて、たとえばドイツは二〇三〇年の再生可能エネルギーの導入目標を六五％と設定し、スペインは七四％という高い目標を掲げています。二〇一九年にEUが発表した「グリーン・ディール」では、二〇三〇年の温室効果ガスの排出量を一九九〇年レベルより五五％削減すると定め、これに合わせて、EU全体で電力の六四・八％程度を再生可能エネルギーでまかなうとする提案を出しました。こうした国々と比較して、今、エネルギー基本計画で議論されている日本の再生可能エネルギー導入目標はわずか三六％から三八％でしかありません。

このような現状から未来を考えれば、日本を躊躇せずに、前に進めなければなりません。

私は初当選から一貫して、自由民主党の一員として政治活動を行ってきました。

自民党は長年、保守政党を自任してきました。しかし、日本の保守主義とは何なのか、その定義が曖昧なまま、保守主義者を自任する人々がそれぞれの定義で物事を議論し、混乱させてきました。本来、保守主義とは、度量の広い、中庸な、そして温かいものであったと私は思います。そして、平等な機会が提供され、努力した者、汗をかいた者が報われる社会であり、勝者が称えられ、敗者には再び挑戦する機会が与えられ、そして競争に参加することができない者をしっかりと支える国家を目指すのが保守主義です。

さらに、日本を日本たらしめているもの、たとえば長い歴史と文化に裏付けられた日本語と天皇制、さらにこの島国の中で私たちの先祖がそれぞれの地域で作り上げてきた文化、たとえば方言であり、そこに残る地名であり、地域の人々がしっかりと守ってきたお祭り、こうしたものを次の世代にしっかり引き継ぎながら、常に新しいものを加えてきたのが保守主義者です。

昨今、「保守主義者」を名乗る一部の人々が、排他主義的な外国批判を繰り返していますが、これが保守主義とはまったく相容れない活動であることは言うまでもありません。また、自由貿易を否定し、国を閉ざし、保護主義で競争力のない産業を守ることも、決して保守ではありません。

一人ひとりの顔が見える地域の中で、みんなが参加して創り上げる地域社会を大切にしながら、国民にできる限り近い場所でみんなの課題を解決していくという、本来の保守政治に、私たちは今、戻らなければなりません。

もう一度、国民が参加してこの国の未来を決めるわかりやすい政治を実現していきたいと思います。

日本を前に進める

目次

第一章　政治家・河野太郎の原点

第二章　父と私――生体肝移植をめぐって

第三章　新しい国際秩序にどう対処するのか――安全保障・外交戦略

第四章　防災4・0

第五章　エネルギー革命を起爆剤に

第六章 国民にわかる社会保障

第七章 必要とされる教育を

第八章 温もりを大切にするデジタル化

おわりに

第一章

政治家・河野太郎の原点

迷子の思い出

私は一九六三年一月十日、河野洋平、武子の長男として生まれました。祖父は河野一郎で、河野派を率いた自民党の重鎮でした。曾祖父は治平といい、神奈川県議会議長を務めました。

小学校一年生のときです。家族で平塚から小田原の祖母のところに出かけたことがありました。その日は、私が何かしでかして親父にひどく叱られ、そのことがずっと気になっていました。夕方、祖母の家の前の小川でメダカかザリガニを捕っていると、親父の車がさーっと出ていきました。

実際は親父が会合に出かけただけで、また戻ってくることになっていたのですが、私はてっきり悪いことをしたせいで自分だけ置いていかれた、と思い込んでしまいました。私は必死に車の後を追いかけますが、もちろん追いつけません。

泣きながら国道一号線をひたすら、平塚の自宅に向かって何時間も歩き続けました。いつの間にか頭の上には満天の星が広がっています。そのころ小田原では、私がいないことに気づいた両親が警察に連絡し、私の臭いの付いた持ち物を提出して警察犬が出動する騒動になっていました。警察の捜索隊が用水路を三叉で刺してるのを見て、母は気絶寸前だったそうです。

私は大磯あたりまで来て、「平塚まであとどれくらいですか」と人に尋ねました。「どうした」「迷子になっちゃって」「どこから来たの」「小田原から」というやりとりがあって、不審に思ったおじさんが平塚行きのバス停を探して一緒に乗ってくれ、無事に家にたどり着くことができました。

後から帰ってきた親父が私の顔を見て、「夕飯はもう食ったか」とだけ尋ねたのを覚えています。

箱根駅伝を目指して

一九七五年、地元の花水小学校を卒業すると、母の勧めで受験して慶應義塾中等部に進学しました。港区三田にある学校に通うため、毎朝、平塚発六時三十四分の電車の三両目に乗って、大磯から乗ってくる友人と合流して登校していました。品川で乗り換えて、田町で下車。駅から歩いて十五分くらいの遠い道のりでした。

中等部では競走部に入部しました。小田原から平塚の手前くらいまで小学校一年生で歩けたのだから、お前はきっと将来マラソンが強くなる、といろんな人に言われたのが理由の一つ。もう一つは大学生になったとき、箱根駅伝に出場したかったからです。

祖父と大叔父の河野謙三は早稲田大学の選手として何度も箱根駅伝を走っていました。河野謙三は強くて山登りや一区を任されていましたが、その大叔父いわく「兄貴（一郎）は弱かったから一番短い小田原―平塚間しか走らせてもらえなかった」そうです。もっとも祖父によれば、「俺は将来の選挙区の小田原―平塚間を走ったんだ」という説明になります。

親父は早大競走部のマネジャーでした。箱根駅伝では、のちに瀬古利彦選手を育てる中村清監督と一緒にジープに乗っていたそうです。河野家の正月は、箱根へ行って駅伝を応援するのが恒例行事でした。

将来の箱根駅伝を目指して中等部の競走部に入部したのですが、ろくに練習にも出ていませんでした。一年生のときに、校内対抗の一五〇〇m走にクラス代表で出場したのですが、その日は体調が悪かったこともあって最下位。クラスで「あいつ、競走部なのにビリだぞ」という話になり、それから練習に出るようになりました。

三年生のときは主将に選ばれ、東京都の私学対抗の大会で優勝したりしました。秋の運動会の四〇〇〇m競走では、長らく破られていなかった三年生の歴代最高記録を大幅に上回る新記録で優勝しました。慶應義塾中等部の運動会のプログラムには歴代最高記録がすべて掲載されていますが、いまだに四〇〇〇m競走の記録保持者は「河野太郎」と書いてあります。

アメリカ留学

一九七八年、慶應義塾高校に進学しても競走部に入り、慶應義塾大学でも競走部の一員として箱根駅伝を走りたいと思っていましたが、同時にアメリカ留学もしたいと考えていました。私の英語の成績は中学、高校を通してずっとAで、夏休みには競走部の練習が終わると銀座のタイプライター教室に通い、ブラインドタッチも習得しました。

あるとき、意を決して親父に「アメリカ留学させてくれ」と頼みましたが、「自分で留学費用を貯めて、大学院で留学しろ」と一蹴されました。

高校三年生のとき、親父がアメリカ大使館のパーティーに連れて行ってくれました。親父は「お前の英語がどれだけ通じないか、これでわかるだろう」などと言っていました。そのパーティーで、アメリカの外交官に「アメリカに留学したいのだが、親父が反対していて困っている」とつたない英語で必死に訴えました。

ところが、味方をしてくれるに違いないと思っていたアメリカ人たち全員が「まず慶應義塾大学を卒業して、それからアメリカの大学院に行くべきだ」と言うのです。これで万事休す、と落ち込みました。

平塚に帰る車の中で、親父が「みんな反対だったな」と言い出しました。私が黙っていると、続けて「あれだけ全員そろって反対なら、かえっておもしろいかもしれない。お前、行ってみるか」と言い出し、留学があっさり決まったのです。

ただ現実的に、私の英語はそのままではとても大学の授業についていけるレベルではありませんでした。まず一年間は全寮制の高校に入って、大学に入学できる英語を身につける必要がありました。親父は自分なりに調べていたらしく、「アメリカの大学はサマースクールもみっちりやれば三年で卒業できる。だから高校一年と大学三年分の学費は出してやるから、その後は帰ってきて働け」という段取りをさっさと決めて、私に通告しました。

親父は「アメリカに行く以上、だめだったら日本の大学に戻るなどというのはだめだ」とも言いました。私はすでに慶應義塾大学の一年生になっていましたが、大学に籍を残さず、退路を断って留学しろ、というわけです。躊躇したのは一瞬だけで、もう行くしかないと決断しました。出発するときに親父は、「留学はスポーツと同じようなものだから、全力を尽くせ。でもエンジョイしなさい」という手紙で私を送り出してくれました。

英語はマイクロバスで

まずマサチューセッツ州にある全寮制の高校のサマースクールに参加しましたが、初日に英語力のなさを痛感しました。夕食を食べに行くために「食堂はどこですか」と聞くのですが、こちらの発音が悪くて通じないし、相手の答えは聞き取れない。結局、夕食をとり損ねました。

次の日、ルームメイトがテキサスからやって来たので、箸でご飯を食べるジェスチャーをしてみせるのですが、当時のテキサスでは箸で食事をする様子を見たことがなかったのでしょう、まったく通じません。が、しばらく私をじーっと見た後「アーユーハングリー?」「イエス」。彼が食堂に連れていってくれました。ようやく二日目にたどり着いた食堂は食べ放題、飲み放題のビュッフェスタイルです。「アメリカの食堂、すげえ」と素直に思いました。

サマースクールの後、叔母のいるニューヨークで、スクールカウンセラーに今後について相談しました。幸い、コネチカットのプレップスクール(全寮制の私立高校)で欠員が出て、入学できることになりました。

アメリカの高校では、スポーツはシーズン制です。まず秋のシーズンには、クロスカントリーのチームに入りました。最初のタイムトライアルでトップでゴールすると、「なんか英語は下手だけど、速いのが来たぞ」と言われました。その年のクロスカントリーチームは、ほぼ無敗でした。

ところが、一番大事なニューインググランドのプレップスクールのチャンピオンシップを前にして、私が体調を壊してしまいました。おそらく風邪だろうとたかをくくっているうちに高熱が出て、学校の医務室にしばらく入院するはめになってしまいました。結局、チームはチャンピオンシップを逃しました。

冬のシーズンは、「お前はクロスカントリーが速いんだから、スキーのクロスカントリーもきっと速いだろう」と誘われてチームに入りました。そして春になると陸上競技のチームに入り、一五〇〇mでニューイングランドのプレップスクールの大会で六位入賞、対抗戦の一点を稼ぎました。

シーズン中は、クロスカントリーもクロスカントリースキーも陸上競技もチーム全員がマイクロバスで相手の高校まで移動します。バスの車内で、チームメイトが交替で私の隣の席に来て、「この単語を発音してごらん」と言うのがお決まりでした。「タローはわざわざ日本からアメリカの大学に入るためにやって来たが、発音がひどいな。みんなでなんとかしてやろうじゃないか」ということだったのでしょう。私がうまく発音できないと直されて「もう一回、もう一回」の連続。二十分くらいやって疲れると、別の人に交替していきます。私の英語の発音は、このときのマイクロバス学習のおかげです。

大学は、コネチカット州内のウェズリアンと首都ワシントンのジョージタウン、ニューヨークのコロンビアの三校に合格することができました。高校が小さな村にあったので、小さな町にあるウェズリアンは辞退し、コロンビアも遊び場の多いニューヨークだから絶対に勉強が疎かになると思ったので、首都ワシントンでもあり、国際関係学では屈指のジョージタウンを選びました。

ジョージタウン大在学中にインターン

一九八二年九月、間抜けなことに私は、ジョージタウンがイエズス会の建てたカトリックの大学だということを知らずに入学しました。「なんで神学の単位が必修なんだ」と叫んで、ルームメイトを驚かせました。新入生のオリエンテーションでは、夜中に古い講堂で映画「エクソシスト」が上映されました。この映画の舞台がまさにジョージタウンで、ラストシーンにも出てくる有名な階段が大学の脇にあり、ボート部などはトレーニングでその階段を駆け上がっていました。

キャンパス内の新入生寮の部屋まで毎朝、『ワシントン・ポスト』紙が配達されてくるので、英語の勉強にと、定期購読していました。毎日、一面だけは辞書を引きながら読み通すことをノルマにしていましたが、それ以外のページもおもしろそうなところを拾い読みしていました。

しかし、ほとんど『ワシントン・ポスト』紙上で「JAPAN」という文字を見ることはありませんでした。同じ日の日本の新聞では、一面にレーガン大統領、スポーツ面に大リーグ、芸能面ではマイケル・ジャクソンとマドンナと、アメリカのニュースが盛りだくさんでした。マンスフィールド駐日米国大使が「日米関係は最も重要な二国間関係だ」と発言しているのに、この格差は何だろう、何かしなければいけないのではないか、とこのとき思ったことが、政治を志した最初のきっかけではなかったかと思います。

ジョージタウンでは中国語、ロシア語、日本語のいずれかの科目を取ると、卒業単位が通常より少なくてすみます。ただし、日本人は日本語を取れないので、ロシア語のクラスに行ってみたら発音が難しくてできません。それで初級中国語を取りました。クラスメイトのアメリカ人は漢字から始めなければならないので大変だったと思いますが、おかげで私は取得単位数も減らせて助かりました。

一九八四年になると、アメリカ大統領選挙の予備選が本格的にスタートしました。共和党の候補は現職のレーガン大統領で決まりでしたが、民主党は候補者が乱立しました。私はカリフォルニア州選出の民主党アラン・クランストン上院議員の大統領選対事務所に、ボランティアとして参加する機会を得ました。クランストン氏は支持を伸ばせず、予備選から早々に撤退してしまうことになるのですが、貴重な経験でした。

その後、「議会でインターン（就業体験）をしたらどうか」とアドバイスされ、友人が勤務していたアラバマ州選出で民主党のシェルビー下院議員の事務所でインターンをすることになりました。当時民主党の下院議員だったシェルビー議員は、上院議員に当選した後、共和党に鞍替えし、今なお上院の重鎮として健在です。昼間の九時から五時まで仕事ができるように、授業はすべて夜間の授業を取ることにしました。

アメリカ議会では毎日、有権者から来るたくさんの手紙すべてにスタッフが返事を書きます。その返信状に議員のサインをするための機械があり、それを使って手紙にサインをするのが私の毎日の仕事でした。そのうちに当時、議論になっていたケーブルテレビのチャンネルと地上波で放送されているコンテンツの関係について、シェルビー議員から「ちょっと調べてみてくれ」と声がかかりました。

そこで賛成側と反対側の議論を調べて、どちらの立場でも議論ができるようなメモを作りました。議員の反応は「よくできてるな」で、それから細かい仕事がけっこう回されるようになり、議会の通行パスも発行されるようになりました。

政策を訴える選挙の原体験

そんなときに突然、シェルビー議員が「下院議員はもう飽きた。辞める」と言い出したのです。その発言を聞いたアラバマ州の支持者たちは、シェルビー議員に上院への鞍替えを勧めたのです。

当時、現職の上院議員はジェレマイア・デントンというベトナム戦争の英雄でした。海軍のパイロットで、ベトナム戦争で捕虜になっているときに、北ベトナム側の宣伝のためのテレビに出演させられ、口では捕虜として大変丁寧な扱いを受けていると言いながら、瞬きで「TORTURE（拷問）」というモールス信号を送って一躍有名になった人です。シェルビー議員に勝ち目はないと言われていましたが、ここで善戦すれば、将来、知事への道が開けると支持者がシェルビー議員を説得していました。

議会の議員事務所のスタッフは連邦政府から給料を受け取っているので、選挙には携われないというのがアメリカの法律です。しかし、無給のインターンである私には何の制約もかからないから、選挙に関するリサーチをやってくれ、ということになりました。まず、デントン上院議員の上院でのこれまでの投票記録を調べました。過去にどういう法案に賛成、反対したか、デントン上院議員と他のアラバマ州選出の上下両院議員の投票記録と、シェルビー議員の投票記録を詳細に調べてメモを作りました。

そのメモをシェルビー議員が連れてきた選挙参謀が見て一言、「よくできてる」。メモを分析していくと、相手側のデントン上院議員は貿易赤字に対する姿勢が弱く、「デントン上院議員のせいでアラバマは雇用を失っている」という主張を中心に据えて、選挙戦略を組み立てていくことになりました。

シェルビー議員のアラバマでの選挙運動にも同行させてもらいました。上院選だから華やかなのかと思いきや、二人だけでアラバマに飛び、空港で借りたレンタカーのハンドルをシェルビー議員が握り、私は地図を見ながら道順を指示するナビゲーター役でした。行く先々に人々が集められていてシェルビー議員が登壇、演説します。「デントン上院議員は貿易赤字に対して甘い。彼のせいでアラバマは雇用が失われている。もっと雇用を守れる上院議員がアラバマには必要だ。自分ならこうする」と政策を訴え、町から町へと移動します。立候補する政治家が政策をひたすら訴える、という選挙でした。私の選挙原体験の一つです。

私はその後ジョージタウンを卒業し、選挙の結果を待たずに帰国しましたが、最終的にシェルビー議員は一%以下の僅差だったものの、現職のデントン上院議員を破って無事、当選しました。

東欧でワレサに会い投獄される

ジョージタウンの国際学部では三年生になると、海外の大学に留学します。当時のレーガン政権は共産主義と戦う姿勢を鮮明にしていたので、私は逆に共産圏での人々の生活をこの目で見たいと思っていました。ソ連の大学が第一志望でしたが、ロシア語ができないために受け入れてもらえず、ポーランドのワルシャワにある中央計画統計大学（現ワルシャワ経済大学）との交換留学制度に手を挙げました。一九八四年のことです。講義は英語でした。

当時のポーランドは共産党の独裁政権下で、ひどい状況にありました。肉や砂糖などの生活必需品はすべて配給制で、配給切符を持って長時間、行列しなければ手に入りませんでした。他のアメリカ人学生と一緒に入った大学の寮では、凍える寒さの中、シャワーのお湯は出ませんでしたし、寮の食事は、ほとんど毎食、ジャガイモと赤カブと酢漬けキャベツでした。

初日にポーランド人の指導教授は私たちに向かって、「ポーランドは自由な国です。あなた方はこの国で自由に何でもすることができます」と言いました。そこで私は、ポーランドの民主化運動を率いて、前年（一九八三年）にノーベル平和賞を受賞していたワレサ「連帯」議長に会いに行こうと思いました。

仲良くなったポーランド人の学生に、「ワレサに会うにはどうしたらよいだろう」と相談すると、彼が行くグダンスクの教会を訪ねることを勧められました。ワルシャワから電車に乗ってグダンスクを訪れ、ホテルにチェックインしてから教会を訪れました。神父さんに「ワレサに会いに行きたいんだけれど」と言ってみると、通訳もできる若い神学生を案内役につけてくれました。

そしてその神学生と一緒にワレサ議長の住むアパートを訪ねると、ワレサ議長がにこやかに出迎えてくれました。あまりに簡単に会えたので、ちょっと拍子抜けしました。

ワレサ議長のアパートは、当局に常時、盗聴されていました。盗聴器からはラジオの周波数で音が飛んでいたようで、そこにあったソニーのラジオから自分の声が聞こえてきて、驚きました。ワレサ議長が、茶目っ気たっぷりに「当局に挨拶してごらん」と言うので、「こんにちは」と大きな声であいさつをしました。

通訳としてついてきてくれた神学生は、私の英語の質問をポーランド語に通訳していきます。そしてワレサ議長がそれに答えてくれるのですが、同時にワレサ議長と神学生の二人は何やら筆談をしていました。筆談に使ったメモはそのつど燃やされていました。後でわかったことですが、教会とワレサ議長は、計画されているデモについての打ち合わせをしたかったようで、私の訪問は格好の隠れ蓑でした。

ワレサ議長のアパートを出ると、パトカーが二台、止まっていました。警官の一人が私にパスポートの提示を求めますが、私のパスポートは、チェックインしたホテルのフロントが半強制的に預かってしまっています。「外国人は常にパスポートを携帯しなければならない決まりに違反しているので、警察まで同行してもらいます」と、私と神学生の二人は署まで連行されてしまいました。

留置所の中で、「パスポート不携帯ぐらいでシベリア送りになんかならないよね」と脅える私に、その神学生は「心配するな。僕は刑務所に行ったけど、たった半年で出られたよ」と励ましてくれました。でも、私のポーランド留学は半年間の予定でした。

しばらくして「トイレに行きたい」と叫ぶと、「廊下の反対側だ」と返事が返ってきました。鍵を開けてくれと言うと、「鍵なんかかかっていないよ」。ギイッと鉄格子を開けて、トイレに行くと窓が全開でした。きっとこの窓から逃げさせて、そこを後ろから撃つんだろうなとか勝手に思いながら、また、自分でギイッと鉄格子を閉めました。そのときに、「そんなに大きな問題にはならなさそうだ」と、ほっとしたことを覚えています。

結局、翌朝に釈放されました。前日に我々を連行した警察官が「グダンスクは初めてかい。街を案内してあげよう」とパトカーのサイレンを鳴らしながら、街を一回りして、行き先も告げていないにもかかわらず、チェックインだけしたホテルに送り届けてくれました。部屋に入ると、鞄《かばん》の中身がきれいにベッドの上に並べられていました。あわてて鞄に荷物を詰め込み、電車でワルシャワに戻りました。ワルシャワでは共産主義とはどんなものなのか、じっくり体験することができました。

ワルシャワ留学からアメリカに戻ってきた私は、一九八五年十二月にジョージタウンを卒業しました。

富士ゼロックスに入社しデジタルに開眼

年末に留学を終えて帰国すると、当時は数少ない通年採用をしている富士ゼロックスに入社しました。一九八六年にはすでに全世界のゼロックスの事業所がネットワークにつながっていて、電子メールを送ったり、電子ドロワーで設計図を共有したりすることができました。営業研修を終えると本社の調査統計部に配属になり、小林陽太郎社長のスピーチの原稿を書いたり、財界活動のサポートをしたりすることになりました。

あるとき、小林社長が、アメリカの大学の国際政治経済学の教科書を日本人向けに翻訳することになり、その下訳を命ぜられました。翻訳に没頭するだけならば、赤坂まで通勤する時間がもったいないので、「在宅勤務をしてもいいですか」とお伺いを立てました。当時としては最高速の九六〇〇bpsという高速通信のモデムの価格がとうとう一〇〇万円を切り、常務の決裁で購入できることになっていたため、それを使ってJ-Starというゼロックスのワークステーションを本社とつないで仕事をすることになりました。今で言うテレワークの社内第一号でした。

母が知り合いに電話で「今日から息子が自宅待機なのよ」と説明しているので、「在宅勤務です」と何回訂正しても、次の電話では「自宅待機」に戻っていました。このときのテレワークの経験を買われて、その後、埼玉県志木市で行われた日本で最初のサテライトオフィスの実験の現場責任者を命ぜられました。志木ニュータウンに住むゼロックス社員をピックアップし、それぞれの上司にサテライトオフィス勤務の許可をお願いして回ったのですが、当初は「そんなことできるわけがない」の一言で片づけられてしまいました。「技術的には可能です」

「技術は関係ねえんだよ」「いや技術的には」といったやりとりを重ね、五人ほどの社員がサテライトオフィス勤務をすることになりました。

歩いて数分のサテライトオフィスに通う彼らをサポートするために、平塚から延々片道二時間かけて志木ニュータウンに通いました。当時のテレビ会議システムはまだコマ落ち気味の画像しか送れませんでしたが、業務に十分使えました。このころから、テレワークで仕事はできると思っていました。そのときと比べると現在、技術は格段に進歩しましたが、消費者庁を徳島に移転しようとしたときにも、「そんなことできるわけがない」という声がやはり上がりました。結局、コロナ禍でテレワークが広がりましたが、要は技術云々の問題ではなく、人の問題なのです。

一九九一年にはシンガポールに設立されたアジア事業の統括拠点に立ち上げメンバーの一人として赴任し、韓国、台湾からオーストラリア、ニュージーランド、ASEAN各国まで新商品の市場導入を担当することになりました。当時、シンガポールのゼロックスソフトウェアセンターのウォン・カイユェン所長は与党PAP（人民行動党）の国会議員でもあり、赴任中に行われた総選挙では、お手伝いもやりました。

一九九二年十二月に親父が宮澤喜一内閣の官房長官に就任し、高輪の議員宿舎に住むことになりました。親父は家事など一切できない人なので、母も議員宿舎に移ります。平塚の家に誰かいないといけないというので、私は日本に戻り、地元の大磯で自動車や家電の端子、コネクタの製造、販売をする日本端子に入社しました。

ゼロックスにいたころ、部品の価格が毎年のようにきちっと低下していくのを見ながら、日本の部品メーカーは優秀だなあ、製造コストがどんどん下がっていくなどとのんきに思っていました。部品メーカーに来てみれば、なんのことはない、毎年、メーカーから値下げ要求をされ、呑めなければ切られるので、仕方なく価格を下げているだけでした。そんな中でも松下電器は現金で支払ってくれるので、ありがたいお客様でした。

一九九三年七月の自民党の総裁選挙に親父が立候補することになり、選挙運動を手伝えと言われましたが、多忙を理由に断りました。弟の二郎が、親父の名刺を持って挨拶に回ったりしました。親父は総裁選に勝利したものの、細川護熙連立政権が誕生して自民党は野党になりました。しかし、一九九四年に河野総裁率いる自民党は社会党・新党さきがけとの連立で政権に復帰し、親父は村山富市政権の外務大臣になり、海外も飛び回るようになりました。

親父が野党の総裁だったときに、私は妻の香と結婚しました。結婚が決まると、親父は新郎新婦の知る前に、宮澤元首相ご夫妻に仲人を頼み、帝国ホテルで披露宴を予約しました。親父が結婚したときは、祖父がいろいろと決めたそうで、親父も一度、結婚式を仕切ってみたかったんだろうと思います。

披露宴は始まりから終わりまできっちり二時間半。立礼は時間がかかるからやらない。記帳も席順表も要らない。挨拶は双方一人ずつ。乾杯したら挨拶はなし。記念品に名前を入れたりするのは野暮。食事は最高のものを出す。ビールを出すと注いで回る人が出るので、シャンパンとワインだけ。

しかし、世の中、何が起こるかわかりません。人生、一寸先は闇とはよく言ったものです。

一九九五年のまだ氷もゆるむ前に、母ががんを再発していることがわかりました。村山総理のお供で、親父と一緒にワシントンに行ってきたばかりでした。検査でがんとわかったときは、もう手遅れの状態でした。母はもうだめらしい、と親父が言うのを聞いても「でもどうにかなるのだろう」と思ったのですが、「いや、どうにもならない。後は痛みをできるだけ抑えていくだけだ。あと数カ月らしい」と親父に言われて、テレビドラマのようでまったく現実と認識できませんでした。

母は築地のがんセンターに入院し、七月に帰らぬ人となりました。母が亡くなったのは、ちょうど参議院選挙の最中で、親父は毎日、選挙応援に行っていました。母は亡くなる間際にも、親父が引退したら二人で海外旅行に行くんだ、と繰り返し繰り返し言っていました。

母は、忙しくて地元になかなか帰れない親父の代わりにずっと地元を守っていました。母が亡くなってから地元で道を歩いていると、まったく見ず知らずの人から「お母様には本当にお世話になりました」とよく声をかけられました。母はいったいどれだけのことをやっていたのでしょうか。

初出馬・初当選の新米代議士

地元に戻った私は、平塚青年会議所に入会し、街づくりの活動にも参加するようになりました。そのころから、「いつか政治に携わりたい」と仲間に思いを打ち明けるようになりました。

一九九四年、細川護熙首相と野党自民党の河野洋平総裁のトップ会談で小選挙区制度の導入が決まり、私が住んでいる平塚市は、茅ヶ崎市、大磯町、二宮町と二市二町で神奈川第一五区になりました。中選挙区時代の二つの選挙区のそれぞれ一部が切り出されてくっついたのですが、二つの中選挙区から選出されていた現職議員の中で、この選挙区を選んだ議員は与野党を通じて一人もいませんでした。

青年会議所の先輩や仲間から「いつか政治に、と言うならば、それは今だ。現職が誰もここで立候補しないなどというチャンスを逃すな」と背中を押してもらいました。ボーイスカウトも一緒にやった小学校の同級生が、会社を辞めて事務所に来てくれました。幼稚園の同級生にも頼んで手伝ってもらうことにしました。

私はやるかやらないか悩んだときに、「やらないで後から後悔するよりも、やってみて失敗したら反省するほうがよい」と考えています。アメリカに留学したときも、選挙に出馬したときも、存続の危機に直面したベルマーレの代表取締役を引き受けたときも、後に肝臓移植のドナーになったときもそうでした。

出馬の意思を伝えると、親父は猛烈に反対しました。「一家で二人も選挙をできるわけがない、それに、いったい誰が俺の選挙をやるのか」。さらに親父は私の仲間が集まっているところにやって来て、「太郎は出馬させない」と宣言しました。それでも、地元からいろんな方が親父の東京の事務所にまで足を運んで説得し、ようやく立候補への道が開かれました。

一九九五年の十一月一日朝六時、茅ケ崎駅の北口に一人で立って、大声で挨拶を始めて、私の政治活動が始まりました。それまで私は、駅などでスピーカーを使って演説している政治家を、「朝から大きな音を立てて」などと批判的に見ていたものですから、いざ自分が駅に立つときは、スピーカーを使わずに、大きな声だけで挨拶することにしました。忙しい通勤時間帯ですから、立ち止まって聞いてくれる人なんていません。ですから、演説するのではなく「おはようございます。河野太郎です。いってらっしゃい」というフレーズを毎朝、二時間、大声で繰り返すだけにしました。

するとーカ月ほどしたある日、一人の男性が、私に声をかけてくれました。

「おい、若いの。毎日、元気で頑張ってるな。君、なんて名前だ」

「えっ」

毎日、ただ「おはようございます。河野太郎です。いってらっしゃい」だけを二時間、繰り返して一カ月。それなのに名前を尋ねられて、選挙は大変だとつくづく思いました。

茅ヶ崎、平塚、大磯、二宮の二市二町の選挙区をこつこつと歩いて河野太郎後援会を作り上げていきました。河野洋平に応援に来てもらったらどうかという声も出ましたが、「河野太郎の選挙だ。河野洋平は関係ない」と突っぱねました。

一九九六年十月二十日、おかげさまで当選し、衆議院議員河野太郎が誕生しました。しかし、当時は派閥に属していなかったこともあり、国会のこともよくわかっていませんでした。

特別国会開会前日になって、事務所のスタッフに「そういえば議員会館の部屋ってどうなってるの」と言われ、「明日から国会が始まるのだから、今日あたり決まるのかな」と、議員会館の事務局に出かけて行きました。「初当選した河野太郎ですけど、議員会館の部屋の割り当てはいつごろ決まるんでしょうか」と言うと、「もうとっくに決まってますよ。派閥からご連絡行ってませんか」とたいそう驚かれました。

あわててあちこちに聞いて回って、第二議員会館二階の階段を上がったところの、一番出入りしやすい部屋になりました。自民党の国会議員は朝八時に出てきて部会に出席することも、このとき知りました。「党内でものを言いたいなら、会議に来て言え。会議に来ないのに後から言うのは通用しない」という党からの指導が最初にありました。

「ごまめの歯ぎしり」を創刊

初当選直後に「当選おめでとう。それで国会議員って、何時に出社するの」と近所の方に尋ねられました。私の親父も国会議員でしたが、そういえばいったい何時に平塚の家を出ていたのかも知りませんでした。

そこで国会議員は毎日どういう活動をしているのか、しっかり有権者に報告しなくては、と国会報告紙を作って配布することにしました。

最初は漢字二文字のタイトルを考えていました。ところが仲間から「タイトルがつまらない。こんなんじゃ誰も読んでくれないよ」と内容以前にタイトルにだめ出しされました。それで考えた末に出てきたタイトルが、「ごまめの歯ぎしり」です。おふくろが神戸出身で、日常的に「ごまめ」という言葉を使っていました。初当選なので、ちょうどよいタイトルではないかと思いました。「ごまめの歯ぎしり」のロゴも商標登録しました。

こうして、選挙区内の駅の出口を回って「ごまめの歯ぎしり」を配ることにしました。しかし、この国会報告紙にかかる費用がばかになりません。印刷代はもちろん、郵送すれば郵便代もかかります。頻繁に発行して郵送していては、事務所の財政がもちません。

悩んでいるときに、「メールマガジンを使ったらどうか」というアイデアを知り合いからもらいました。無料で発行できるというところに惹かれて始めたメールマガジン版「ごまめの歯ぎしり」は、創刊からそろそろ二十五年になります。

小さな丘の頂上に登れ

無派閥では大事な連絡がこない、国会の作法も学べないということで、仲人を務めていただいた宮澤元首相率いる宮澤派に入ることになりました。

当時の自民党では、人気のある建設委員会や農水委員会などに一年生議員は入れませんでした。私は、外務委員会狙いでした。インターンをしていたアメリカ議会では外交委員会は花形委員会の一つでしたから、外務委員会に入るのは大変だと思い込んでいました。

そこで当時の加藤紘一幹事長に、「もし外務委員会に空きができたら、私も候補の一人に加えてください」とお願いしてみました。すると初当選後の初の委員会の割り当てで、外務委員会になりました。日本では、まったく人気のない委員会だったのです。外務委員会の他に消費者問題特別委員会にも配属されました。

そんなとき、ある先輩から「社会保障や外交の大きな山を目指すのもいい。だがそういう山はみんなが登ろうとしている。一期生は他の誰も登っていない小さな丘を見つけて頂上に旗を立てろ」とアドバイスされました。

私が旗を立てようとした最初の丘は、当時話題になり始めていた遺伝子組み換え食品の表示問題です。遺伝子組み換えの問題は、アレルギー体質でアトピーの私にも関わりがあるかもしれない、と思っていました。

消費者問題特別委員会の理事は、岸田文雄代議士でした。そこで私は岸田理事のところに行って、「遺伝子組み換えは食の安全安心に関わる大きな問題なので、委員会の下に小委員会をつくってくれませんか」とお願いしました。岸田理事はさっそく動いてくれて、岸田小委員長、河野幹事の小委員会が設置されたのです。

野党は遺伝子組み換え食品そのものの禁止を求めていましたが、それはあまりに極端な要求です。アメリカでは、科学的に安全が立証されているということで、表示義務も課されていませんでした。したがって禁止ではなく、食品の原材料に遺伝子組み換え食品が含まれているかどうかを表示して、消費者が選べるようにしようというのが私の考えでした。

アメリカに単身乗り込んでいって、農務省や大豆やトウモロコシの業界相手に「本当に安全だと思っているならば、隠すことはないでしょう。堂々と表示して、消費者に選ばせればよい」と訴えました。侃侃諤諤《かんかんがくがく》の議論になりましたが、科学的な表示にすることを条件に、アメリカ側も絶対反対はしない、ということになりました。

先述のメールマガジン「ごまめの歯ぎしり」で遺伝子組み換えに関する情報を配信し始めると、思った以上にメディアからの反応がありました。まだネットで日常的に発信する政治家が少なかったことも、理由の一つでしょう。積極的な情報発信をマスコミが見ていて、「遺伝子組み換え問題なら河野太郎だ」とテレビ番組に呼ばれたり、新聞・雑誌のインタビューをかなり受けたりしました。その結果、「ごまめの歯ぎしり」の読者が広がっていったのです。「小さな丘の頂上に自分の旗を立てろ」という先輩の教えを、今は、後輩の若手議員に伝えています。

権利には責任が伴う——消費者保護基本法の改正

消費者問題特別委員会では、岸田委員長と河野筆頭理事のコンビを組んで「消費者保護基本法」から「消費者基本法」への改正に取り組みました。二〇〇四年のこの改正は時代を変える大きな意味を持っていました。それは消費者を保護する法律から自立する消費者の権利を守る法律への転換でした。改正の主旨については与野党間の相違はなかったのですが、大きな争点になった部分が一つありました。

消費者基本法の条文を見ると、第一条「目的」、第二条「基本理念」、第三条「国の責務」、第四条「地方公共団体の責務」、第五条「事業者の責務等」と続きます。

しかし、その次の第六条の事業者団体、第七条の消費者、第八条の消費者団体の条文には条文のタイトルがありません。国の責務、地方公共団体の責務、事業者の責務と出てくるのですから、次は「消費者の責務」だというのが、与党が提案した条文の原案でした。

それに対して、野党側から「消費者の権利を謳う法律で消費者に責務を課すのはおかしい」と反対の意見が上がったのです。どんな権利にも、責任が表裏一体になっているはずです。

「消費者には権利はあるけれど、責務は必要ない」となれば、保護から自立への転換とは言えないのではないでしょうか。

しかし、その後も「消費者の権利だけを書くべきだ」という意見や、「他は責務が課せられるのに消費者だけは権利のみというのは、法律としてどうか」など、揉めに揉めました。結局、その条文にはタイトルをつけないというウルトラCでまとめました。

行政の旧弊を正す

二〇〇二年一月、小泉純一郎内閣の片山虎之助総務大臣の下で、初めて政府の一員として総務大臣政務官に任命されました。そのときに大臣政務官として、一つの改革をしました。外務省流の国名、地名表記の全面改定です。

それまで外務省は、日本人の常識と反する国名や地名表記を長年、放置していました。たとえばヴィエトナム、トゥヴァル、ニュー・ジーランド、アルゼンティン、サイプラス、ノールウェー、連合王国、ジョルダン、プラーグ、ワルソー、ロス・アンジェルス、ニュー・ヨーク、イスタンブル……。

なぜ教科書や新聞、雑誌などに使われる一般的な表記と違う国名や地名表記を意固地になって使うのか。外務省に尋ねると、「ジョルダンをヨルダンと呼び替えたりしたら、旅行中の日本人観光客が迷子になる」との珍説を吐き、是正するそぶりも見せませんでした。

「在外公館の名称及び位置並びに在外公館に勤務する外務公務員の給与に関する法律」という法律があり、その別表第一に在外公館の名称及び位置が一覧表になっています。そして毎年、別表第二に載っている在勤基本手当の基準額を改定するために、予算関連法案として国会に改正案が提出されます。当時、総務省は定員管理の権限を持っていたために、外務省からこの法律の改正案の稟議が回ってきました。

その稟議に私は大きく「否決」と書いて却下しました。「ジョルダン」という国を世界地図で探したが、どの地図にもそんな国は載っていない。存在しない国に大使館は不要である、というのが否決の理由です。それを見た当時の杉浦正健外務副大臣が飛んできて、「来年度に必ずすべて改定するから、通してくれ」。

承諾した後、約束通りに国名、地名が全面的に改定されました。一八九の国名中六〇の国名、一八八の大使館所在地のうち六六の地名、七四の総領事館所在地の中で二三の地名が変更されました。

こうしてヴィエトナムがベトナムに、トゥヴァルがツバルに、ニュー・ジーランドがニュージーランドに、アルゼンティンがアルゼンチンに、サイプラスがキプロスに、ノールウェーがノルウェーに、連合王国が英国に、ジョルダンがヨルダンに、プラーグがプラハに、ワルソーがワルシャワに、ロス・アンジェルスがロサンゼルスに、ニュー・ヨークがニューヨークに、イスタンブルがイスタンブールになったのです。

第二章

父と私——生体肝移植をめぐって

河野洋平と新自由クラブ

記憶をたどると、親父の肝臓が悪い、それも相当に悪いということを私は小学生のころから知っていました。

母が親父の身体を心配する言葉や、母が私に向かって「パパの肝臓が心配だ」と言うのも聞きました。意外なほど重苦しい口調だったので、驚いて不安になった覚えがあります。しかし、当の本人は至って元気な様子でした。だから私は、母が心配するほど親父の肝臓が悪いとは思いませんでしたし、思いたくありませんでした。

一九七六年、私が、翌日の生物のテストのために分類表を必死に覚えようとしていた日に、何人もの新聞記者から「お父さんはお帰りですか」と電話がかかってきました。夜遅く帰ってきた親父に何があったのかと尋ねると、「新党だ」。

新自由クラブの党首となった親父は、毎日のように仲間の応援で全国を飛び回るようになりました。小田原駅の新幹線のホームで、東京から乗ってきた親父に下着を詰めた鞄を手渡し、汚れ物の入った鞄を受け取ることもありました。

親父の秘書が激務で倒れてしまい、中学生の私が鞄を持って遊説に同行したこともあります。演説する親父を乗せた宣伝カーが大きな団地の中を進み、「こんにちは、河野洋平です」と親父が叫ぶと、宣伝カーの速度に合わせて大勢が窓を開けて顔を出し、手を振ってくれました。

親父の顔は街頭演説で日に焼けていつも真っ黒。マイクを持つ右手も袖口から先だけが日に焼けて、まるで黒い手袋を嵌めているようでした。

あるとき親父は「演説の練習に行くからついてこい」と言って、私を俳優の小沢昭一さんの一人芝居『唐来参和《とうらいさんな》』に連れて行きました。『唐来参和』は、前半で小沢昭一さんが芝居の背景を説明し、後半が一人芝居になっています。

親父は、前半の小沢昭一さんがおもしろおかしくその芝居の時代背景を説明するところを聞きながら、私に向かって「いいか、演説っていうのはこういう風にわかりやすくやるもんだ。大声を張り上げてみたってだめさ」と言いました。親父からは「演説するときは、こたつに入ってミカンをむきながら、おばあちゃんに話すようにやるのがいいんだ」とか「選挙の応援に行ったら、その場で聞いている人が家に帰ってから家族に、なんでこの候補者に投票するのがいいのか説明できるような話をしなきゃだめだ」などと教わりました。

河野外務大臣VS河野外務委員

私が一九九六年に初当選すると、親父は「なんで俺とあいつの給与が同じなのか」といろんな人にこぼしていました。

一九九八年の参議院選挙で自民党は敗北を喫し、橋本龍太郎内閣が倒れて小渕恵三内閣が誕生し、翌年、親父は小渕第二次改造内閣で二度目の外務大臣を拝命しました。あんな身体で世界を飛び回る外務大臣などをやったら死んでしまうかもしれないと思い、個人的には、親父の外相就任には反対でした。ところが、親父は「総理大臣から外相就任を打診されて、健康を理由に断るくらいなら議員を辞めたほうがよい」と言って指名を受けました。

当時、アメリカの国務長官は私のジョージタウン大学時代の恩師のオルブライト教授でした。親父の就任直後の電話会談では、オルブライトゼミでの私の成績も話題になったそうです。

たまに夫婦で小田原の親父の家に出かけていって夕飯をごちそうになることもありました。そのときに何かの弾みで政治の議論になると、親父は形勢が悪くなったとたん「お前みたいなバカにはわからん」などと言って終わりにされてしまいます。

しかし、国会の委員会では逃げられません。

「河野外務大臣」と「河野外務委員」との初対決は、一九九九年十一月十日の外務委員会の場でした。

テーマはアメリカの核の傘でした。

河野委員「もし〈中略〉米国の核の傘が必要になった事態が仮に起きたとして、例えばロサンゼルスやサンフランシスコにその核の傘を発動したがゆえの報復が来るにもかかわらず、日本を守るために核兵器を発射するボタンを本当にアメリカの大統領が押すことができるのだろうか。〈中略〉とてもアメリカの政府の指導者が日本のために一つの都市を丸々犠牲にして核の傘を使ってくれるとは思いがたいというのが現状であろうと思うわけでございますが、こうした核の傘あるいは日本の核戦略について、外務大臣のお考えを伺いたいと思います」

河野外務大臣「歴代の内閣、歴代の総理大臣、日本の指導者はアメリカの指導者とさまざまな議論をし、さまざまなやりとりをして、日米関係というものは世界の中で最も重要な二国間関係だと日本も思いアメリカも言う、そういう状況下で日米安保条約というものがその非常に大事なかすがいになっていて、そして我々はその安保条約を大きな柱として安全保障政策をつくっているわけです。したがって、何かあったときにアメリカは本当にやってくれるかねという疑念を持ちながらこの安全保障政策というものを進めるということは我々はとっていない。これはもう、アメリカは約束は守るということを前提にして考えているわけで、〈中略〉我々はアメリカに対して、これまでのいろいろな話し合いを踏まえてアメリカを信頼してきている、こういうことなのであります。したがって、私は、今の核の傘というものが有効かどうかという議論については、理論的にはいろいろ話はあると思いますけれども、今の世界情勢の中で、国際情勢の中で、我々はとにかく日米安保条約によって日本の国の安全保障政策をつくり上げている、そういう考え方に基づいているということだけはぜひ御理解をいただきたいと思います」

「それはあくまでも通常兵器の範囲内の話であるのではないでしょうか。本当に核のレベルに万が一エスカレートした場合、そこにエスカレートしないんだ、そういう戦略で考える、そういう前提で考えるならば別ですが、もし万が一どこかの国が日本に対し、何か、こちらの言うことを聞かなければミサイルに積んだ核を日本に向けて発射するぞというおどしをして、しかもなおかつ、そのミサイルの射程距離が少なくともアメリカの西海岸あるいはハワイ、アラスカ等をカバーしている状況のときに、アメリカの大統領が、あなたが日本に向けて核を積んだミサイルを撃つならば我々が報復をするぞ、そう本当に言い切れるのか。あるいは、その相手国は、いや、そんなことはアメリカの大統領は言っているだけで、では、本当にロサンゼルスにいる何百万人の命と引きかえにアメリカの大統領がそのミサイルを発射するのかと考えた場合に、そこまでは恐らくやらないであろうというパーセプションがあると思います。逆に言うと、そこまでアメリカの大統領が日本のためにやってくれるという保証はどこにもない。通常兵器では日米関係の信頼関係はあると思いますが、残念ながら、核兵器にエスカレートしたときにはそのレベルにない。あるいは仮にあったとしても、そういうパーセプションは広がっていない、つまり、抑止力にはつながらないのではないでしょうか」

「先ほど申し上げましたように、これまでも日米両国の首脳は繰り返し話し合い、そしてアメリカ政府も何度か日本に対して、日米安保条約に基づく日本の安全についてアメリカはその義務をきちんと果たしますというコミットメントを何度もしておられるという状況もあって、我々はそうしたことを信頼するという立場に立っています。やらないのではないかというお考えが、本当にお持ちなのかどうかわかりませんけれども、やらないのではないかという具体的な根拠がそれではあるかというと、私は具体的な根拠はないと思いますね。もし、アメリカが日本を守らないだろうという根拠があるなら、根拠を示して質問をしていただきたい。我々は、安保条約によって相互の信頼関係というものが年一年強まりこそすれ、それが薄まっているというふうには思っていない。私は、日米関係というものを信頼してこれから先も外交政策を進めていきたい、こう考えています」

「質疑時間が残念ながら終了いたしましたが、もう少しこの問題については改めてどこか時間をとっていただいて議論をしていきたいと思います」

「おーい、家でやれ」というヤジが飛びました。でも家では議論にならないので、国会でやっていたわけです。質問時間が短く、不完全燃焼だったので「またやります」と言って締めくくりました。そして二回目の対決の日、なんと外務大臣は忙しいと言って私の質問時間に現れず、山本一太外務政務次官が代わりに答弁に立ったのです。

このころ、外務省の機密費問題が表面化し、二〇〇〇年の予算委員会は、外務大臣が答弁に立ちっぱなしでした。親父の声はかすれ始め、顔色はだんだん黒くなっていきます。小渕内閣から森喜朗内閣に代わり、二〇〇一年の自民党総裁選で小泉純一郎内閣が成立すると、親父は田中眞紀子代議士に外相ポストを譲りました。顔色は表裏が判別できないほどドス黒くなり、誰が見ても病魔に冒されているのが明らかでした。

肝硬変

二〇〇一年の夏、突如、親父の様子がおかしくなりました。肝臓の機能が低下し、肝性脳症を発症しました。この症状が出たということは、親父の肝臓も限界が近いということを意味していました。その後のある日、小田原の親父の家でのんびりと二人でテレビを見ていると、いつもなら番組がCMに入るとリモコンでチャンネルを回し始める親父が、そのままじーっと画面を見つめています。話しかけても、曖昧に相槌を打つだけで返答になりません。

医者から「肝性脳症の疑いがあるときは、一〇〇から七ずつ引き算をさせてみてください」と言われていたので、さっそく試しました。「親父、一〇〇引く七はいくつか言ってみて」「九三」「九三引く七は」「そんなもの、わかってる」と言うものの、答えが出ません。しつこく聞くと、「お前、言ってみろ」と言い出す始末です。

これは危ないと思って弟を呼び出し、東京の病院に車で連れて行きました。病院でアミノレバンという肝性脳症の特効薬を点滴すると意識がはっきりしてきましたが、それから二週間足らずで三回目の肝性脳症を起こしました。

もうこうなると、親父をどう生きながらえさせるかという問題です。国会ではいろいろな人が親父の顔色について話題にしており、毎日のように「お父さんの体調は大丈夫か」と尋ねられました。

症状悪化の一月

大晦日に親父の家に家族で集まって年越し蕎麦を食べましたが、親父は揚げ物を食べられないので、かき揚げも入っていない蕎麦です。力なく蕎麦を食べる姿を見て、親父はもう長くないかもしれない、などと感じていました。

二〇〇二年一月八日に、私は片山虎之助総務大臣の下で、総務大臣政務官を拝命しました。初めての政府の役職です。自分にとっては緊張の連続でした。

そんな状況下で、親父は一月十五日の誕生日に、医者から止められているにもかかわらず、お祝いだと、とんかつを食べて肝性脳症を起こしました。病院のベッドで寝ている親父は、何となくひからびているようにさえ見えました。声はかすれ、全身にかゆみの症状が出始め、肝臓の機能を示すビリルビンの値は一向に下がりません。血液を浄化する治療まで始めましたが、いっとき数値が下がっても、すぐに逆戻りしてしまいます。

ドナーになる決心

私が初当選した翌年、臓器移植法案が国会に提出されました。当時、私は「人の死の定義を厚生省の省令で決めるとは何事か」と猛烈に反対し、修正案を出そうと動き回っていました。人の死とは何かに関わる法案であり、採決に党議拘束がかからないということもあり、真剣に勉強していたのです。

だから生体移植を含め、臓器移植についてはかなり知識がありました。「親父を助けるためには生体肝移植しかないな」とぼんやりと考えるようになりました。

思い返すと、母はがんが判明した時点でもう手遅れでした。手術もできず、モルヒネで痛みを取るだけで、何もしてあげられませんでした。だから親父には、できることは何でもしてやりたかったのです。

ドナーになることが怖くなかった、と言えば嘘になります。しかし当時、日本ではドナーの死亡例はなく、肝臓は移植後に元の大きさに戻ると聞いていました。この二つを心の中でおまじないのように唱えていました。

一度決心してしまえば、考え込むこともなくなります。一月の下旬には妻の香に「ドナーになろうかと思う」と伝えました。亡き母の誕生日だった一月三十日に、香と二人で順天堂医院の先生に初めて移植の話をし、とりあえず自分がドナーになれるかどうかの検査を始めてみました。二月十二日に血液検査を行った後、初めて親父と移植手術の話をしたのですが、このときにはほぼ決心していました。

親父の命を助けるためとはいえ、生体肝移植は一年後の生存率が八五％というリスクが大きい手術なので、本人に納得してもらわなければなりません。もちろん、無理強いはできません。

「子どもから肝臓をもらってまで生き延びるのは嫌だ。迷惑はかけたくない」「親父が病院で死にかけているほうがよほど迷惑だ。ちゃんと考えてくれ」という押し問答が続きました。八五％の生存率をどう考えるかは本人次第ですが、このままでは一年後の生存率はほぼゼロです。

私の腹部ＣＴ検査から割り出された肝臓の体積は、身長と体重から割り出した肝臓のあるべき大きさよりも大きく、「脂肪肝かもしれない」と言われました。私はアルコールを飲まないので脂肪肝は考えにくいのですが、脂肪肝は移植には適しません。切り離したドナーの肝臓は保存状態を保つために冷やされますが、肝臓の脂肪が多いと脂質が固まってしまい、移植が難しくなるからです。

仕方なく私はその日から、ファストフードを控え、国会の売店で買った万歩計をつけて毎日一万歩歩くことにしました。もともと議員は国会内をよく歩きます。議員会館から自民党本部まで一日数回往復し、委員会や本会議で院内を往復します。忙しい日には国会周辺だけで七、八〇〇〇歩になりました。総務省ではエレベーターを使わず階段を上り、自民党本部でも階段で上り下りしました。宿舎泊まりの日は、高輪の議員宿舎周辺を歩き回り、毎日一万歩を達成しました。

肝臓は、三分の一のところでくびれていて、移植するときはそこを切除します。当時、生体肝移植と言えば信州大学と京都大学が双璧と言われていました。信州大学は、ドナーに肝臓の三分の二を残して、三分の一を相手に移植します。京都大学では、ドナーは健康だから肝臓を三分の一残せば充分と、患者に肝臓の三分の二を移植します。「どちらで移植しますか」と尋ねられ、私は迷わずに「信州大学でお願いします」と返事をしました。

政務官の合間を縫って貯血

二月には、順天堂医院から紹介を受けた信州大学の川崎誠治教授率いる移植チームの橋倉泰彦先生が、移植手術の説明に来てくださいました。そして私は、手術のために必要な貯血を始めました。実際は移植手術でも出血は極めて少ないそうなので、貯血は念のためです。

そのころはまだ、移植手術のことは家族と河野洋平事務所の数人にしか話していませんでした。本当に移植をやるかどうかも決まっていませんでしたし、情報の管理についても打ち合わせをしていませんでした。総務省の秘書官室にも、河野太郎事務所のスタッフにも話していなかったのです。だから、貯血する時間をどうひねり出すかが問題でした。香から事務所に電話を入れてもらい、妻の用事でどうしても自分も時間を取らなければならないということにしました。

総務省では政務官に説明すべき案件が山積みで、ただでさえ足りない時間のやりくりに、皆が頭を痛めていました。そこへ何時間か私用で役所に来られないなどと言うので、とんでもない政務官だと思われたでしょう。それでも、何とか数時間のやりくりをして順天堂医院に出かけました。

親父は自分が死にかけていることを意識して、ベッドでいろいろなことを考えていたようです。私が貯血をしている間、橋倉先生にたびたび松本市からお出でいただき、先生からいろいろと説明を受け、ついに親父は移植する決心を固め、手術日が四月十六日に決まりました。

「辞表を出させていただきます」

移植の準備を進めつつ、私は毎日、総務大臣政務官としての公務をこなしていました。この年の通常国会の主役は、総務省でした。日本郵政公社法案や住民基本台帳ネットワークに関する法案、行政における個人情報保護法案、公職選挙法改正案など総務省提出の重要法案が目白押しで、毎週金曜日の昼に片山総務大臣の部屋に幹部が集まり、日々更新される総務省の全法案の日程表が配られては、片山大臣が叱咤激励していました。

私も大臣政務官として、委員会の答弁に立ちました。初当選して以来、一度も予算委員会で質問に立ったことがない私が、担当する統計局の所管に関する質問で、予算委員会で答弁に立ったりしました。

親父の決心が固まり、いよいよ本格的に手術に向けての準備を始めるというときに、片山総務大臣に、こういう事情でドナーになることになりました、と事情を説明し、「一カ月は入院するので、辞表を出させていただきます」と申し上げました。すると片山大臣から「自分の母親もドナーだった」と驚きの一言がありました。

「自分の母親もドナーになったけれど、元気で長生きした。お父さんのためにドナーになるのはよいことだから、役所のことはあまり気にせず、必要なだけ休め。きちんと静養して、元気になったらまたしっかりやってくれ」と、大変ありがたい言葉をいただきました。

大臣の了承も得て、移植が正式に決まると、いろいろ準備が必要になりました。事務所のスタッフを全員集めて、移植の話をしました。少なくとも五月いっぱいぐらいまでは全日程をキャンセルしなければなりません。中止するものと代理を立てるものを事務的に振り分けました。入院先は松本だから、お見舞いはすべてお断りするように頼みました。地元の支援者はもちろん、秘書官をはじめ、総務省の秘書官室と官房にも事情を説明し、「後を頼みます」と言いました。

国会議員が会期中、長期にわたって休むわけですから、対外的に説明しなければなりません。窓口は河野洋平事務所に一本化し、必要なら橋倉先生か執刀医の川崎教授にもご出席いただいて記者会見を開くことにしました。

移植手術の支度をすべて調えてから、四月六日に弟の結婚披露宴が開かれました。新郎の父の顔色はやはりドス黒く、挨拶は何を言っているのかまったくわかりません。それでも一時、病院のベッドの上で黒い芋虫のようになっていたころと比べると、格段によくなっていました。移植すれば元気になるという希望が出てきたせいでしょうか。病は気からとはよく言ったものです。

親父は予定通り、次の日に信州大学に入院しました。

信州大学に入院

私は親父より数日遅れて入院しました。

手術に際して私が心配していたのは、アトピーのことでした。手術後しばらく入浴できない状況になるので、持病のアトピーが悪化しないか心配していたのです。移植チームも気にして皮膚科の先生に診ていただき、手術後しばらくはシャワーに入るわけにはいかないけれど、タオルできちんと身体を拭いて薬を塗りながら、必要ならば飲み薬を併用することで大丈夫だということになりました。

なぜか、精神科の医師が話をしに来られました。後で「ドナーの意思確認のためだった」と聞かされ、合点が行きました。『やはり移植は嫌だ』と思ったら、手術の麻酔が効き始めるまでならいつでもそう言ってください」と言われました。翻意は一度もしませんでしたが、意思確認の大切さはよくわかりました。

先生から最後の説明を受け、いよいよ手術前の最後の晩を迎えました。親父が私の病室に来たものの、べつに大した話もせず、「それじゃあ」と言って別れました。

移植手術

手術当日は八時半ごろ、ベッドに乗せられたまま病室を出ました。

麻酔室には、マドンナの曲がBGMで流れていたのを覚えています。そして気がついたら手術は終わっていました。目が覚めたのは手術室の外で、香の顔を見て安心しました。

信州大学では、移植のドナーは通常ICUに一泊しますが、私の場合は痛みがひどかったためか、二泊になりました。ICUの中では痛みも大変に激しく、ドナーになんかなるのではなかったと正直、思いましたが、もう手遅れです。

とにかく時間の感覚がなく、昼なのか夜なのか、何時間経過したのかもわかりません。お守りのようにナースコールのボタンを必死に握りしめていました。お腹には大きな逆T字型の傷がホチキスみたいな針で留められ、チューブも出ていました。

一般病棟に移った最初の晩も、状況は変わりません。ICUにいたときよりも意識がはっきりしていただけに、なおさら大変でした。移動した日の夜は、今までの人生の中で最悪の一晩でした。吐き気こそなくなりましたが、とにかく痛みが激しく、頻繁に看護師さんを呼び、身体の向きを変えてもらいました。

三日目に、移植チームの先生から「ベッドサイドに立って足踏みしてください」と言われ、立ってからその場で足踏み一〇〇回。自分でもけっこう回復していることを実感しました。四日目には車椅子に乗り、まだICUにいる親父の見舞いに行きました。親父の顔色が白く、別人のようで驚きました。「私の肝臓が頑張っているな」と思いました。

五日目に歩いてICUに見舞いに行くと、親父はいきなり「おい、ハンガリーの総選挙はどっちが勝ったんだ」と尋ねてきました。なぜ今、ハンガリーの総選挙の結果を知らなければいけないのかわかりませんが、移植チームの先生は、「さすが元外務大臣は考えていることが違いますね」と感心していました。

私の食事は重湯から始まりました。少しずつ、ゆっくり食べるように指示されました。さらに食後に食べ物が胃から出やすくなるように、右側を下に横になったりしていました。ところが手術からしばらくたって突然、食事ができなくなりました。ふだん考えたこともありませんが、肝臓は胃の後ろにあります。肝臓を三分の一切り取ってできた空間に、胃がはまり込んでねじれてしまったのです。手術前にそんなことが一〇人に一人ほどの確率で起きると説明されていましたが、一〇人に一人だから自分には起きないと勝手に思っていました。麻酔をかけられて、胃カメラで胃を引っ張り上げました。食事が重湯に戻ったのがショックでした。

幸い入院中、頭ははっきりしていたので、かなり多くの本を読めました。島崎藤村の『夜明け前』と『破戒』、白水社版のシェイクスピアの戯曲と『サッチャー回顧録』を制覇したのを覚えています。メルマガの「ごまめの歯ぎしり」も四月八日から休刊していましたが、五月二日には再開しました。

手術から三週間あまりで私は六キロやせて退院しました。

国会には五月十七日に復帰しました。夕食を食べて夜のニュースを見ていたら、いつの間にかテレビの前で爆睡していました。まだ体力がついていきません。

五月二十七日、信州大学で最終検査を受けて「何か問題があったら連絡を」ということで、晴れて無罪放免になりました。親父も順調に回復し、六月十六日に退院しました。

命拾いした親父は、その後、衆議院議長の大役につくことになりました。親父が議長に選ばれた後の副議長選挙では、どういうわけか「河野太郎」という票が一票ありました。森喜朗元首相が親父に、「あの一票はあんたじゃないのか。肝臓のお礼に入れたんだろう」と冗談で言っていたそうです。私の肝臓もずいぶん安いものだ、と苦笑しました。

生体肝移植を美談とするのは危険

私が一九九六年に初当選したばかりのころから、臓器移植法案の議論が活発になりました。後に二〇〇九年の臓器移植法改正でも中心的役割を果たす中山太郎代議士が長年熱心に運動をされていました。私は臓器移植は必要だと思っていましたが、同法案では「人の死の定義」を厚生省の省令で決めることになっており、私は、人の生き死には医者が決めるもので、役所が定義するなんてとんでもないと思い、この法案には反対しました。委員会でも、提案者の中山太郎代議士に厳しく質問しました。

結局、臓器移植法案は、初めて本会議で党議拘束がかからない形で採決され、賛成多数で成立しました。しかし、残念ながら脳死下で提供される臓器の数は増えませんでした。

親父の肝移植後に、たくさんの激励の手紙をいただきました。しかしその一方、「自分も親がC型肝炎で臓器移植しないと助からない、と言われているが、怖くてドナーになれない。それなのに『政治家でも親を助けるためにドナーになっているんだ。お前も親のために肝臓を提供しろ』と、親戚からプレッシャーをかけられるようになった。お前は何ていうことをしてくれたんだ」という手紙もありました。

　自分がドナーになってみて思ったのは、生体肝移植を美談とすることの危険さです。生体肝移植がどういうものであり、その可能性とリスクについて、正確に伝えていくことはとても大切なことです。

　しかし、C型肝炎による肝硬変に対する生体肝移植が増えれば増えるほど、患者の家族のようなドナーの候補者に対する社会的なプレッシャーが高まります。ドナーになるかどうか、つまり自分の身体にメスを入れ、健康な肝臓を切り取るかどうかは、大変大きな決断です。すべてのドナーの候補者が最新の正しい情報に基づいて、誰からも圧力をかけられずに決断できることが保障されなければなりません。

　健康な肝臓を切るということが、身体にとってよいはずはありません。家族や仕事の状況、人生のタイミングなどをじっくり考えて、やはり提供できないという決断も当然あると思います。切るのは怖いという方もいるでしょう。ドナーになるかどうかの決断だけで、レシピエントへの愛の強さをはかることはできません。ドナーになる勇気と同じぐらい、自分の身体と家族を守っていく勇気も大切です。

だから手術後に、マスコミにはこの生体肝移植を「美談」として取り上げないでほしいと要請しました。

我々親子が移植手術をしたころは、保険が適用されませんでした。「俺が腹を切るから、親父は自腹を切れ」と冗談で言ったこともあります。手術後に元気になった親父は、「お金があったら手術して命が助かるのに、お金がなかったら手術ができないのはおかしい」と厚労省に猛然と働きかけて、生体肝移植が保険適用されることになりました。ところがまた、お叱りの手紙が来ました。やはりドナーになる可能性のある方からで、「親を助けるために肝臓を切るのが怖いとは言えないから、生体肝移植は非常に高価だからできないと言い逃れていたのに、保険が適用されるという報道が流れて、家族から、それならできるでしょと言われるようになった。余計なことをしないでくれ」。

移植をテーマにした講演に声をかけていただくことも増えました。ある会の質疑応答の時間に、「私もC型肝炎で移植をするんです。うちには息子が二人いますが、二人ともドナーになると言ってくれています。河野さん、うちの息子に頑張れと色紙を書いてください」と、一人の年輩の男性が発言しました。私は猛烈に腹を立てて「あなたのそういう発言が、息子さんにプレッシャーをかけているんです。あなたは黙っていなさい」と会場から追い出したこともありました。

日本の臓器移植は新時代へ

私たちの移植の後、日本で初めてのドナーの予後調査が行われました。手術後の患者の回復状況に関しては、それまでにもさまざまな調査が行われていましたが、ドナーの予後に関する調査はそれまで行われたことがなかったのです。

その調査の結果、ドナーの八人に一人に重篤な後遺症があったことが判明しました。事前にこの調査結果を聞いていたら、私もドナーにならなかったかもしれません。C型肝炎で肝硬変になり、余命幾ばくもない家族を助けるための最初で最後の選択肢が、家族の誰かの腹を切るということは何か間違っている、と強く思うようになりました。

ドナーの肝臓は移植しても、再び成長して元に戻ります。しかし、肝臓と同じように生体移植が行われている肺や膵臓、小腸、腎臓などは切除したら元に戻りません。ドナーのリスクは肝臓移植とはまったく違うのです。移植手術で助かる命があります。しかし、そのためにもう一つの命を危険にさらすことはどうなのでしょうか。

厚労省の省令で死の定義を定めることには相変わらず反対です。しかし、命を助けるために脳死移植を増やし、生体移植を減らすことのほうが遙かに大切です。私は中山太郎代議士のところへ行って、「これまで大変ご迷惑をかけましたが、今日から宗旨替えをして、脳死からの移植を増やすための臓器移植法の改正に全力を尽くします」と頭を下げました。中山太郎代議士は、微笑みながら「経験者が旗振りをやってくれるのは何よりもありがたい」。こうして臓器移植法の改正に取り組むことになりました。

それまでの移植法では、「自分が脳死になったときに臓器を提供する」という本人の意思をあらかじめドナーカードなどで表示することを求めていました。しかし、自分が脳死になったときのことなどを考えたことがある人がどれだけいるでしょうか。結果として、意思表示は進まず、脳死下での臓器提供は増えませんでした。

そこで、本人が生前に臓器提供を拒否していない限り、遺族の同意で臓器提供できるようにする臓器移植法の改正を提案しました。

改正案は、親父が議長を務めていた二〇〇九年の通常国会に提出されました。移植で命を救われた人が正面の議長席に座っているこのときを逃したら、法改正はいつできるかわからないと関係者はみんな思っていました。最初の臓器移植法のときと同様に、各党が党議拘束を外して議員一人ひとりが自らの見識で賛否を投じることになりました。

中山太郎代議士や山内康一代議士をはじめ、改正案を支持する議員は、医師会や移植学会、そして患者会や家族会の方々と、毎日のように票読みをしてきました。山内康一代議士のもとでリストを作り、ダブルチェック、トリプルチェックしていきました。まるで総裁選挙なみの票読みでした。

中には「どちらでもいいから党議拘束をかけろ」と主張する議員もいましたが、「議員一人ひとりが判断をするために国民の負託を受けているのだから、自らしっかり決めてください」と返しました。

本会議では、記名投票で、議員が順番に壇上に上がって、白票または青票を投じていきます。最終的に投票総数四三〇、賛成二六三、反対一六七、棄権五〇で我々の改正案が可決され、参議院に送られました。そして七月に参議院本会議にかけられ、まず最初に修正案が否決され、原案の採決に移りました。参議院の投票は押しボタン式なので、採決はすぐに終わりました。ぱっと結果が出て、可決成立です。

そして、日本の臓器移植は新たな時代を迎えることになったのです。

第三章

新しい国際秩序にどう対処するのか

——安全保障・外交戦略

第三章からは、日本が直面する課題やこれからの日本を展望し、各分野について、私が今考えていることを皆さんへ率直にお伝えしたいと思います。紙幅の都合もありますので、これまでの政治家としての経験を踏まえ、私自身が特に思いを持つものについて書きました。政策課題を取り巻く情勢が日々変化していることも多く、あくまでも現時点での考えとして、お読みいただければ幸いです。

【安全保障】

中国の台頭とアメリカの新戦略

日本を取り巻くアジア太平洋地域の国々の力関係が、急速に変わりつつあります。そしてそれは、第二次大戦後の世界経済の繁栄を作り上げた国際秩序や、自由、民主主義、法の支配、基本的人権などといった価値観に対する挑戦となるかもしれません。

かつての冷戦時代は、米ソ二つの超大国を軸として、世界の主要国が東西両陣営に分かれて鋭く対立していました。覇権国と周辺国との関係は、太陽とその周囲を回る惑星のようでもあり、国際政治学では自転車の車輪になぞらえて「ハブ・アンド・スポークス」の関係と称されました。両者のつながりは極めて強固で、経済的な結びつきもそれぞれの陣営の内と外で分断される傾向にありました。

しかし冷戦に終止符が打たれ、「自由主義か、共産主義か」というはっきりした対立軸が消えると、特にグローバル化が著しい経済面で、国家間の関係はより複雑に絡み合うようになりました。

その中で、日本のこれからの外交戦略を考える上でよく見ておかなければならないのは、太平洋をはさんで向かい合う二つの大国、アメリカと中国の関係であり、台頭する中国の振る舞いです。現在、多くのシンクタンクや専門家が「いずれ中国がアメリカを抜いて世界一の経済大国に躍り出る」と予測しています。中国は、一四億人を抱える世界最大の市場へのアクセスや「一帯一路」などの戦略を活用して、経済的な影響力を世界中に拡げつつあります。

今後、日本を含むアジア太平洋地域で中国の影響力がますます強まることは避けられません。一部のASEAN諸国にとっては、南シナ海における紛争や国内の反政府勢力への支援など、中国が軍事的な脅威になっています。しかし、巨大な中国の経済から得られる利益も大きく、中国に反発するところはあっても、旗幟《きし》を鮮明にすることは避けたいというのがそうした国々の政府の本音です。

近年、中国は経済成長を背景に、急速に軍事力を拡大してきました。軍事費の額においてそう遠くない時期にアメリカと肩を並べ、やがて追い越すのは確実と見られています。中国は「世界一流の軍隊」を建設することを目標に、急速に軍備を拡大、近代化させています。公表されている中国の軍事費は、一九八九年から急速に拡大し、この三十年間に四二倍、二〇一一年からの十年間だけでも二・三倍になりました。一方、日本の防衛費は、一九九七年からの二十年間、ほぼ横ばいで推移してきました。二〇二〇年度の日本の防衛関係費約五兆円と比べ、中国の公表国防費はその約四倍、約二〇兆円を超えています。しかも、中国の公表国防費には外国からの装備品の購入額や研究開発費は含まれておらず、実際の軍事費は、公表額の一・二倍以上になるとの指摘もあります。

中国は、一九九一年までは近代的な潜水艦や駆逐艦、あるいは第四・第五世代戦闘機を何一つ保有していませんでした。しかし、今日では自衛隊でも二一隻しか保有していない近代的な潜水艦を五二隻、近代的な駆逐艦（海上自衛隊は護衛艦）を自衛隊の四七隻に対して七一隻、第四・第五世代戦闘機に至っては、自衛隊の三一三機の三倍を超える一一四六機も保有しています。

また中国は、確立された国際法や国際秩序とは相容れない独自の主張に基づいて、力を背景とした一方的な現状変更を東シナ海や南シナ海などで試みています。二〇一五年以降、機関砲と見られる武器を搭載した中国公船による尖閣諸島周辺での我が国の領海侵入が繰り返し行われるようになりました。二〇一九年に四年ぶりに発表した中国の国防白書では、尖閣諸島海域における中国公船の航行は法による国家主権の行使であるという、これまでにない強硬な記述をしています。

日本周辺で領空侵犯のおそれのある航空機が発見されると、自衛隊が戦闘機を緊急発進させ、相手の行動を監視するなど、一連の行動を実施します。二〇一九年度には中国機に対するこうした緊急発進回数は六七五回、一日当たり平均一・八五回にものぼりました。

南シナ海でも中国は、九段線なる海上権益に関する主張を繰り広げ、中国のそうした主張は法的に根拠がないとされた二〇一六年七月の国際的な司法判断を無視し、西沙諸島や南沙諸島における大規模な埋め立てを強行し、戦闘機や爆撃機が発着できる飛行場やミサイル、電波妨害装置などが確認されています。

アメリカとロシアがＩＮＦ（中距離核戦力）全廃条約を結び、中距離ミサイルの開発を凍結している間も、この条約に加入していない中国は、中距離ミサイルの開発・配備を続けてきました。

さらに、宇宙空間やサイバー空間においても中国は軍事的な動きを強めています。宇宙・サイバー・電子戦に関する任務を行う戦略支援部隊を二〇一五年に設立し、この分野における軍事的能力の著しい向上を図っています。二〇一九年までに六〇基を超える偵察衛星を打ち上げたほか、五〇基を超える測位衛星を打ち上げ、アメリカのGPS（全地球測位システム）に対抗する衛星測位システム「北斗」の運用を全世界で開始しました。

中国は、こうした軍事的な能力の向上に加えて、一帯一路構想を活用してインド洋や南太平洋、あるいは地中海や北極海など遠方海域における軍事行動能力を向上させつつあります。同構想を拡大しながら、各国のインフラ建設に必要な融資を大盤振る舞いすることで、経済が脆弱な国々を借金漬けにして、その結果、スリランカのハンバントタ港のように運営権を手に入れる、あるいはさまざまな主要インフラに関して、影響力を行使できる立場に立つということも行ってきています。

またテロ対策や交通管理といった名目で、顔認証システムを組み込んだ監視カメラのシステムを相手国の都市に供与し、そのデータ管理を中国が請け負うことも始めています。さらには独裁的な政権との間で、法執行機関の能力構築支援といった名目での協力関係の構築が進められています。

アメリカも、このような経済・軍事両面での中国の台頭をはっきりと意識した外交安全保障戦略を描こうとしています。二〇一八年一月に出された国家防衛戦略（NDS）では、アメリカの安全保障上の主要な懸念はテロや「ならずもの国家」ではなく「中国及びロシアとの長期にわたる戦略的競争」であり、中国とロシアは、アメリカや同盟国が築いた自由で開かれた国際秩序を害しており、独自の権威主義モデルと合致する世界を形成しようとしていることがいっそう明確化している、と指摘しています。

軍事的にも経済的にも、アメリカは、もはや自国だけで中国の国際秩序への挑戦を防ぐことはできません。今、起きているのは、これまでのアメリカ中心の「ハブ・アンド・スポークス」関係に軸足を置いた考え方から、アメリカを含む多国間のネットワークである「地域機構」の形成への大胆な転換です。

オバマ政権の下で議論が始まったTPP（環太平洋パートナーシップ協定）こそ、まさにアメリカが目指す「地域機構」の一つとなるはずでした。しかし、アメリカの国内政治の議論ではTPPの自由貿易の面にばかり光が当たるようになってしまいました。選挙中にTPPを厳しく批判したトランプ大統領は、大統領就任後、アメリカをTPPから脱退させてしまいました。アメリカの大きな失敗です。

トランプ大統領は、一方的な鉄鋼・アルミニウム製品への関税の引き上げやWTO（世界貿易機関）への対応など自由貿易に逆行するような行動を取り続け、二〇二〇年以降の温室効果ガス排出削減等のためのパリ協定からの脱退など、自ら国際秩序を覆すかのような行動を取りました。しかしバイデン大統領になって、ようやくアメリカは、共通の価値観を持つ国々と団結して国際秩序を守ろうという路線に戻ってきました。

これからの安全保障の枠組み

先に述べたように、日本の五兆円の防衛予算に対して、中国の軍事予算は公表分だけでも二〇兆円あります。現在、すでに戦闘機から潜水艦、空母、ミサイル、核兵器まで、日中の防衛装備品には大きな格差があります。また、宇宙やサイバーといった新領域における防衛予算や人員でもすでに大きな差があります。今後、日中間の軍事的な格差はさらに広がっていきます。この差をこれまでの延長線上で埋めていこうとすれば、莫大な防衛予算が必要となり、財政の制約を考えれば、現実的ではありません。

今後、中国と向き合っていくためには、日米同盟の維持、強化というのがまず最も現実的な選択肢です。したがって、日米同盟に対する国民の理解を深めるための努力が必要です。

しかし、日米同盟だけに寄りかかっていて大丈夫なのでしょうか。たとえばオバマ政権では、中国への配慮から、南シナ海での中国の軍事施設の建設にストップをかけられませんでした。トランプ政権でも、お金がかかるからという理由で、在韓米軍と韓国軍の共同演習が中止になりました。トランプ大統領は、短距離弾道ミサイルの発射を容認すると捉えられかねない発言やツイートを繰り返し、日米のデカップリング（分離）が懸念されました。また中東では、米軍をシリアから一方的に撤退させるという発表が行われ、アメリカと一緒に戦ってきたクルド陣営が見捨てられたような構図になりました。日米同盟を強固なものにするためには、日本がアメリカを必要とするように、アメリカも日本を必要とする状況を作り出さなければなりません。

日米同盟の将来を考えたとき、軍事的な面だけでなく、経済的な面でも協力関係を密接にする必要があります。これからの紛争のあり方を考えると、中国の南シナ海の島嶼への侵略、ロシアによるクリミア「併合」やウクライナ東部の不安定化のように、グレーゾーン事態（有事・戦争とは言えない半面、警察権でも対応できない事態）を含めた局地的な小競り合いというのが多くなる可能性があります。

中国やロシアといった権威主義的、独裁的な政権が、グレーゾーン事態で力を行使した場合、それに対抗するために、軍事的なオプションだけでなく経済制裁といった経済的なオプションを持つことも必要になってくるでしょう。世界第一位と第三位の経済国が中心となって、ヨーロッパ諸国やカナダ、オーストラリア、シンガポールなどと連携し、経済的な圧力を可能にすることを戦略に盛り込んでいく必要があります。

国家安全保障の観点から、いわゆる機微技術をしっかりと守っていくことも必要です。武器に直結するものはもちろんですが、通信やインフラに関わる技術で該当するものも多くあります。最近では、経済的手段をもって自国の意向を他国に押しつけたり、さらには、これまでの国際秩序を、自国に有利になるように作り替えたりしようとする国も現れてきました。まずは日本が置かれた現状を正しく評価し、戦略を立案し、友好国と戦略目標を共有し、しっかりとサプライチェーンの構築などの分野で準備をしていくことが必要です。

すでに、甘利明代議士が中心となって、自民党では、日本の「戦略的自律性」の維持・強化と「戦略的不可欠性」の獲得を目指した提言が二〇二〇年末にとりまとめられました。

戦略的自律性とは、社会経済活動を維持するために欠くことができない基盤を、日本がしっかりと備えることによって、どのような状況であっても、特定の他国に過度に依存することなく、日々の生活と正常な経済運営という安全保障の目的を実現することです。

また、戦略的不可欠性とは、世界各地に拡がるさまざまなサプライチェーンや産業構造の中で、日本の存在が不可欠であるような分野を戦略的に拡大していくことによって、日本の長期的・持続的な繁栄と国家安全保障を確保することです。いずれも、経済が安全保障に大きく影響を与える昨今の国際情勢において、とても大切なことです。安全保障の形が変貌を遂げつつある中、これにしっかりと対応できるようにしていかねばなりません。

さらに日本として、アメリカをアジアに結びつけるために、日米同盟に加えて、中国の軍事活動に対抗するための枠組みをアジアで作り上げるということを検討する必要があります。日米に加えて、自由や民主主義、法の支配、基本的人権といった共通の価値観を持つ国々が集まり、万が一、中国が軍事的な行動を起こしたら、お互いを支援し合う同盟組織を真剣に検討すべきです。

尖閣諸島をはじめ、中国の侵略的な意図と軍事拡大にどう対処するのか、現実的な対応を示さなければなりません。いざというときには島の領有をいくつか諦める、というのは、選択肢になり得ません。日米同盟だけに頼る場合、アメリカは、財政的な負担の引き上げをいっそう強く要求してくる可能性があります。またアメリカでは、「尖閣諸島のような経済的な価値の小さい島を守るために、中国と軍事的な対決をするのか」という声も一部で出ています。助けてもらうだけなのか、お互いに助け合うのか、両者には大きな違いがあります。

【外交】

ポストコロナ時代こそ日本の存在価値が生きてくる

ポストコロナの世界は、残念ながら、対立の時代に入ると覚悟しておいたほうがよいでしょう。

習近平指導部が率いる中国共産党は、香港の「一国二制度」を破壊し、東シナ海や南シナ海、インドやブータンとの国境で、力を背景とした一方的な現状変更を試みています。また新型コロナウイルス感染症の感染拡大防止の名目で、世界中の独裁政権に中国流のシステムが広がり始めています。

中国国内では、顔認証や歩行認証のシステムを搭載した監視カメラが街中を監視しています。政府の管理を前提としたネットワークが金融をはじめとしたさまざまなビッグデータを吸い上げ、それを基に共産党が人々の行動を統制するようになりました。デジタル経済と権威主義的な体制には高い親和性があるようです。

市場経済の中で経済が発展し、豊かな中間層ができれば、おのずと民主化が進んでいく、と私は信じています。しかし、政権とつながることによって利益を得る「国家資本主義」の中で豊かになった人々は、自分が利益を得ているシステムを転覆させるおそれのある民主化を進めようとはしないでしょう。

戦後のリベラルな国際秩序が、新たな挑戦を受けていることは間違いありません。これからの世界は「民主国家と独裁国家」「自由社会と監視社会」「資本主義と国家資本主義」「自由な表現ができる社会と政府の定めたルールの範囲でのみ表現が可能な社会」「情報が自由に流れるネットワークと政府が管理するネットワーク」に分かれていくでしょう。

自由や民主主義、法の支配、基本的人権の尊重などの価値観を共有する国々が、その価値を守るために共同歩調を取っていく必要があります。日本は欧米やオーストラリア、ニュージーランドなどの同志国と共に、基本的価値観に基づく国際秩序を守っていかなくてはなりません。その際、将来の民主主義国を目指して歩き始めたばかりのアジア・アフリカ諸国にも寄り添っていく必要があります。我が国はそうした国々と欧米との架け橋を担い、基本的価値観に基づいた国際秩序を維持していくために先頭に立ち、役割を果たしていくべきです。

外交を進める体制

日本は、外交に軍事力を使うことはありません。他方、我が国の外交の大きな柱であるODA（政府開発援助）はピーク時からほぼ半減しています。今や我が国の「裸の外交力」が試される時代になりました。外交力を高めるためには、外交活動を支える足腰を強固にしなければなりません。外務省によい人材を集め、さらにその人材に磨きをかけなければなりません。

しかし近年、外務省の業務が飛躍的に増大しているため、現場が疲弊してしまっています。一部の外務省職員の残業時間は月に二百時間を超え、多くの職員は月に百時間を超えるという大変深刻な状況にあります。このような状況が続けば、外務省に優秀な人材が集められないということになりかねません。それぞれの職員が、普通に家族と時間を過ごし、子育てや介護など家庭と仕事を持続的に両立できる体制の整備に、よりいっそう取り組む必要があります。

外務省の強化だけでなく、国際機関で日本人が活躍できる体制も支援していかなければなりません。日本政府の働きかけもあり、多くの国際機関が近年、日本人職員数、日本人幹部数を増やしています。しかし、それでも拠出金の割合等と比べて、日本人職員数のあるべき数字にはまだまだ達していません。

日本人の応募者の採用率は決して低くはありません。しかし、国際機関における日本人職員増強の最大の問題は、応募者数の少なさです。調べてみると、ある国際機関では、イタリア人の応募者の数が、日本人の応募者数の一〇倍でした。これでは、多少の採用率の差は問題になりません。日本人の海外留学生の数は二〇〇四年をピークに減少しています。また、日本政府が予算をつけて国際機関で働く若手の人件費を負担するJPO制度の志望者も減少傾向にあります。

海外で学ぶ日本人留学生はもちろんのこと、国際機関で活躍できる国際人材の育成に力を入れている国内の大学・大学院、あるいは高校生に対するアプローチを強化する必要があります。

外務大臣に外交を

日本が効果的な外交を展開するためには、「外務大臣が外交をできる」体制を築かなければなりません。

私は、外務大臣に在任した七七〇日の間に、五九回海外に出張し、七七カ国・地域、のべにして一一三カ国・地域を訪問しました。国際場裏《じょうり》で日本への支持を獲得するためにはトップセールスが欠かせません。

国連安保理の非常任理事国選挙や国際司法裁判所の裁判官の選挙はもちろんのこと、多くの国際会議はますます各国の利害が激しくぶつかり合う場になっており、日本の立場を反映させるためには、事務方の調整ではおさまらないものが増えています。そのために外務大臣が積極的に会談することが必要です。

さらに、外交は国と国との交渉ではありますが、最後は外務大臣同士の人と人との関係がものを言うことも少なくありません。たとえばアメリカが資金拠出を中止したUNRWA（国連パレスチナ難民救済事業機関）を支援するための会合の共同議長を私に頼んできたのは、それまでに会議で顔を合わせていただけでなく、私邸にまで招かれたりしていたヨルダンのサファディ外相とEUのモゲリーニ外相の二人でした。外務大臣のフットワークが軽くないと国の外交は成り立たない、と言えるでしょう。

私の外国出張における「比較対象」は、中国の王毅《おうき》外相でした。しかし、中国の外務大臣が年に一回、全人代（全国人民代表大会）に出席すればよいのに対して、日本の外務大臣は国会に過度に縛られます。もちろん国会に対して説明をすることは国務大臣の大切な責任ですが、制約も多いと言わざるを得ません。

外務大臣は、衆議院の予算委員会、決算行政監視委員会、外務委員会、安全保障委員会、沖縄及び北方問題に関する特別委員会、北朝鮮による拉致問題等に関する特別委員会、参議院の予算委員会、決算委員会、行政監視委員会、外交防衛委員会、政府開発援助等に関する特別委員会、北朝鮮による拉致問題等に関する特別委員会、沖縄及び北方問題に関する特別委員会に出席を求められれば出席しなければならず、国家基本政策委員会が開かれるときは陪席しなければなりません。

しかも非常に多くの時間、答弁もないのに座っていなければなりません。総理の所信表明や施政方針演説などに対する代表質問が本会議で行われるときは、質問が当たっているかどうかにかかわらず、全大臣がひな壇に座っていなければなりません。予算委員会も、最初の数日間、基本的質疑が行われますが、朝九時から夕方五時まで、質問が当たっていない大臣も全員、予算委員会の席に座っていなければなりません。決算委員会でも同様のことがあります。クエスチョンタイムと呼ばれる国家基本政策委員会では、首相と野党の党首がやりとりをしますが、全大臣が陪席しなければなりません。重い責任を背負う大臣が、長時間座らされているのは、国家にとっても国民にとっても大いなる損失です。

さらに外務大臣の場合、衆議院では条約の審議や外交に関する審議を行う外務委員会だけでなく、安全保障委員会、沖縄及び北方問題に関する特別委員会、北朝鮮による拉致問題等に関する特別委員会に出席しなければならないことになっています。それぞれの委員会には防衛大臣、沖縄北方担当大臣、拉致問題担当大臣がいるにもかかわらずです。これらは参議院でも同じです。

条約審議でも問題があります。条約の中には、租税条約、社会保障協定、投資協定、航空協定など定型的な条約がたくさんあります。また、環境保護に関するような全党賛成になる条約もあります。条約審議の場合、その条約に関する質問がほとんどないということもあります。現在は、こうしたすべての条約審議に大臣が出席を求められます。大臣が出張などで国会に出席できない場合の答弁をするために、認証官として副大臣を任命しているにもかかわらずです。

さらに、さまざまな委員会の開催や質問、答弁の有無などが前日にならないと決まらないということも問題です。そのために予算委員会の時期などでは、来日している他国の外務大臣などとの会談を、午後五時以降にしか設定できません。会談後、ふつうは夕食会を催しますから、外相会談の時間が非常に窮屈になります。相手が夕方までに帰国しなければならないなどということもあり、突然、委員会が設定されて外務大臣の代わりに副大臣が対応する、ということもあり得ます。

国会で説明責任を果たすのは国務大臣の大切な義務です。しかし、もっと合理的な国会運営ができるはずです。

また、日本の外務大臣には専用機がありません。ただでさえ国会に縛られて窮屈な日程で出張しなければならないのに、しばしば目的地まで商用機を乗り継いでいかなければなりません。これがボディブローのように効いてくるのです。イランのザリーフ外相と緊急に会談しようというときに、私が翌週ヨーロッパ出張する予定があったので、「フランクフルトかイスタンブールの空港での乗り換え時間はどうか」と尋ねたら、「私の専用機で明日、日本に行くよ」と笑われたことがあります。

かつては、外務大臣が海外に足を運ぶことができないからと電話会談を行うことも多かったようです。しかし、私が外務大臣就任直後に、外務大臣として初めてのバイ（二者）の会談を行ったインドネシアのルトノ外務大臣から「電話一本で外交が済むと思わないでください。日本はちゃんと相手国にも足を運ぶべきです」とかなりきつく言われたことを、今でも鮮明に覚えています。

実際に、私の訪問が日本の外務大臣として初めてという国がいくつもありました。東ティモール（独立後初）、ブータン、モルディブ、パラオ、マーシャル、ミクロネシア、エクアドル、アイスランド、アルメニア、ジョージア、スロベニア、バーレーン、南スーダン、モザンビークです。太平洋島嶼国と日本との結びつきを強めようと相手国の首脳を招いて島サミットを開催してきましたが、こちらからは外相の訪問すらできていない国がまだあります。

アフリカも同じです。TICAD（アフリカ開発会議）を開催し、アフリカとの結びつきを強めようとしている一方、最後にザンビアを訪問した日本の外務大臣は、安倍は安倍でも安倍晋太郎外務大臣でしたし、コートジボワールとナイジェリアを最後に訪れた外務大臣は、なんと一九七〇年代の園田直外務大臣、ガーナとコンゴ民主共和国は木村俊夫外務大臣でした。

私が訪問した国、外相会談をした国でも、驚くほど外相の訪問、会談ができていなかった国があります。ASEANの中で日本との調整国を務めていたブルネイにも四年以上、外相が訪問していませんでしたし、香港には十年以上、安保理の非常任理事国選挙で譲ってもらったモンゴルにも八年近く外相の訪問がありませんでした。そしてギリシャとは、実に二十年以上も外相会談が行われていませんでした。

G20の外相会談で訪れたアルゼンチンでは、先方の外務大臣から「最後にアルゼンチンに来られた日本の外務大臣も、あなたと同じミスターコーノという名前だった」と言われ、「それは私の父です」と言って驚かれました。アルゼンチンだけでなく、東ティモール、クロアチア、スウェーデンも、私の前に訪問した外務大臣は、河野洋平外務大臣でした。

これに加えて、マナマ対話、国際再生可能エネルギー機関（ＩＲＥＮＡ）総会、アカバ・プロセス東南アジア版閣僚級会合、北極サークル会合、地中海対話、ドーハ・フォーラムなど、私の出席が日本の外務大臣として初めてとなった国際会議がいくつもあります。外務大臣が、海外に出られないままでは、日本のプレゼンスは低下する一方です。その間に、中国の外務大臣はせっせとさまざまな国に足を運んでいます。国会の協力をいただいて、外務大臣が外交をやれる体制をしっかりとつくらなければなりません。

何のためのＯＤＡか

外交政策の中でいつも話題になるのがＯＤＡです。

財政赤字が増大し、社会保障による国民負担も増加しているというときに、なぜ税金を原資とするＯＤＡで外国を支援する必要があるのか、という批判があります。これからのＯＤＡは、国民の皆様の理解なしに行うことはできません。

国から国へのＯＤＡには三つのやり方があります。一番目に、お金を貸す「円借款」。インフラ整備には多額のお金がかかるので、そのために低金利・長期でお金を貸して、後でゆっくり返してください、というのが円借款です。

二番目が、お金を提供する「無償資金協力」。病院や自然災害を防ぐための堤防を造る、自然災害に遭ったところに食料支援を行う、あるいは干ばつ、内戦等で避難を余儀なくされている人たちに水や食料、医療を提供したりするために必要なお金を供与します。

三番目が、いろいろな技術を教える「技術協力」。よく言われることですが、魚をあげても食べてしまえば終わりですが、魚の捕り方を教えれば、いつでも自分で魚を捕ってお腹をいっぱいにすることができるようになります。魚の捕り方を教えることにあたるのが技術協力です。

ODAの「予算」の議論をするときに中心になるのは、「無償資金協力」と「技術協力」です。これらは政府の一般会計から出て行きます。「円借款」は、相手国から返ってくるお金や利子もあるので、JICA（国際協力機構）の有償資金協力勘定という別立ての財布で管理をしています。

ODA予算のピークは、一九九七年で一兆一六八七億円もありました。私が外務大臣を務めた二〇一八年にはODA予算は五五三八億円まで縮小し、ピーク時からほぼ半分になりました。私は、一九九六年に衆議院に初当選しましたが、そのころから外務委員会で「ODAを半減しよう」と言っていました。一兆円を超えるODAは、きちんと管理するには大きすぎると考えたからです。そして半減したその半分、つまり四分の一を外務省の出張旅費等のいわゆる足腰予算に回し、残る四分の一は財務省に返すべきだと主張していました。

私が外務大臣になったときには、ODA予算はすでに半分になっていました。予算全体に占めるODAの割合は、ピーク時の一・五％から〇・五％に、三分の一にまで減っています。それだけ減ったとはいえ、財政難の今、なぜ外国にODAを行うのかという理由をきっちり説明することが必要です。

まず一番目の理由は、「困っている人がいる」ということです。ものすごく困っている人たちに、その人たちよりは困っていない我々が少し手を差し伸べるということは、やはり必要だと思います。世界の約七〇億人の中で、一日の生活費が二〇〇円、一カ月六〇〇〇円以下の生活費という人が約一〇億人います。世界の中で七人に一人が、水はどこかから汲んでこなければならず、毎日食べることも十分にできません。家族の誰かが病気になっても、適切な薬を手に入れることができません。

一九八九年に冷戦が終わったときに、私はこれで世の中は幸せになり、平和の果実を皆が分かち合える、世界はもっと発展して平和になる、そう思いました。しかし残念ながらその後の世界では、内戦や紛争が続き、ここ最近は毎年、第二次大戦後最も多い難民、国内避難民の数が更新されています。たとえばバングラデシュには、ミャンマーのラカイン州に住んでいるイスラム教徒が一〇〇万人単位で逃げてきています。ヨルダンやレバノンは、内戦下のシリアからの難民を、コロンビアやペルーはベネズエラから逃げてきた人を受け入れています。

もともとあまり豊かでないコミュニティに難民・避難民が大挙して入ってくるわけですから、水も食料も足りなくなります。難民も稼がなければなりませんから、雇用先があれば安い賃金で働きます。すると、その地域全体の給与水準が下がってしまいます。難民の子どもたちも学校へ行かなければなりませんが、教室のスペースが足りません。そういう中でも難民の人々を受け入れてくれている国があります。難民・避難民を支えて頑張っている人たちがいるのなら、我々もその国を、そして難民・避難民を支えていくべきではないでしょうか。

二番目の理由は「恩返し」です。日本も戦後の荒廃の中、外国からのODAに助けてもらいました。一九四六年から一九五一年までの六年間、アメリカの「ガリオア・エロア資金」から当時の金額で一三億ドル、今の価値で言うと約一〇兆円の無償援助を受け、これで小学校の給食も再開されました。また、世界銀行から約九億ドル、現在価値で六兆円の低金利の借款を受け、東名高速道路、黒部ダム、東海道新幹線等を整備しました。この借金を返し終わったのは一九九〇年ですから、そう昔の話ではありません。一度助けてもらった私たちが、恩返しに今度は次の国々に手を差し伸べるべきではないでしょうか。

三番目に、「情けは人のためならず」。最近は、こう言うと「情けをかけるとその人のためにはならない」という解釈をする人がいるようなのですが、そうではありません。人を助けると、巡り巡ってそれが自分に返ってくるということです。

日本人がテロに巻き込まれて亡くなった事件がいくつもあります。貧困で希望がないところは、どうしてもテロの温床になります。貧困対策を支援することは、テロを防ぎ、日本人の身を海外で守ることにつながります。ケニアのオルカリア地熱発電所は、日本のODAを活用して建設されました。地熱発電というのは二酸化炭素を出しません。この地熱発電所の建設を助けることは、気候変動を止めるということであり、回り回って日本も裨益《ひえき》をします。エボラ出血熱の感染拡大をコンゴ民主共和国で抑えるために支援することは、それが日本に伝播してくることを防いでいることになります。

経済の国際化、相互依存が進む中で、日本の消費者へのメリットを作り出すODAもあります。今日、日本で輸入しているタコの約四割は、アフリカ北西部のモーリタニアから来ています。元来、モーリタニアの人はタコをあまり食べていませんでした。しかし、タコがたくさんいるので、日本の技術協力でタコ壺漁を教えると、おもしろいようにタコが捕れるようになりました。そしてそのタコが日本に輸出され、今、タコ焼きのタコの多くはモーリタニア産です。

チリのサーモンも同様です。もともとチリにはサーモンはいませんでした。しかし、JICAがサーモンの養殖技術を教えた結果、今やサーモンの養殖がチリの一大産業となりました。日本人が教えた養殖技術で育ったサーモンが、日本の回転寿司のネタになったのです。

こうしたODAのおかげで、世界中のいろいろな国で、日本に対する信頼が高まっていきました。二〇二〇年の東京オリンピックの誘致や二〇二五年の大阪万博の誘致の際にも、こうした活動が多くの国の支援につながりました。国連の安保理改革の議論で、日本の常任理事国入りを支持してくれる国が多いのも、背景にはこれまでの日本のODAに対する信頼があります。外務大臣としていろいろな国に行って、このことを強く感じました。本当にありがたいことです。

どこの国に行っても「日本は意思決定に時間がかかる」と言われます。しかし同時に「日本は意思決定に時間がかかるよね。だけど日本は、何かを押しつけるのではなく、相手の身になって考え、いったん決めたら最後までとことんやってくれるし、後々のメンテナンスもしっかりやってくれるよね」。この信頼感は、どこに行っても共通しています。多くの先輩方がコツコツとやってきてくれたことが、今、日本の信頼につながっています。

こうしたことを理解していただければ、「ODAをやめてしまえ」という人はあまりいないのではないでしょうか。しかし原資は税金ですから、資金がしっかりと管理されて、ちゃんと役に立って、そして効果を発現しているかどうかを、きちんとチェックしなければなりません。

ODA予算はすでに半減しましたが、今後の財政を考えると、やはり「ODAを削れ」という圧力は増えてくるだろうと思います。そういった中で、ODAの効果を最大化していくためにはどうしたらいいのか。今まで以上にシビアに考えていかなければならないと思います。

たとえば一万円で一〇〇万円分の効果があるODAプロジェクトと、三万円分の効果があるプロジェクトがあれば、どちらを選択すべきでしょうか。それだけで決めるわけではありませんが、一つの判断基準になります。

マイクロソフトを築いたビル・ゲイツさんは、ゲイツ財団を設立し、アフリカを中心に世界中の開発の支援をしています。ゲイツ財団は、成果を数字で測れるものでなければ資金を出さないそうです。教育、保健衛生、農業等は数字で測れるが、インフラはリターンを数字で示しにくいので、インフラはやらないのがゲイツ財団のポリシーだそうです。

日本はバブルのころの一時期、ＯＤＡの額が世界一であり、それを誇っていた時代もありました。しかし、私はそうした議論にはまったく意味がないと思います。金額の順位ではなく、税金から出すＯＤＡでどういう効果が出ているのか、その効用を最大化することが大事なのです。日本のＯＤＡも、結果にコミットする時代です。

では、何にコミットしていくべきなのでしょうか。

日本のＯＤＡの理念の一つの柱は、「人間の安全保障」という考え方です。「戦争に巻き込まれない」「戦争になっても勝てる」といった国家の安全保障を考えるだけでなく、さらにその国に住んでいる一人ひとりの人間が、本当に豊かで尊厳のある、意味のある健康な暮らしを送れるようにしよう、という考え方です。国家の安全保障が確立していても、実はその国の中で健康的な生活が送れない、幸せな生活が送れない、ということではいけないのだと思います。こうした日本が提唱する「人間の安全保障」という考え方が、ＳＤＧｓ（持続可能な開発目標）につながってきたのです。

だからこそ、絶対的貧困をなくす、生活に必要な安全な水へのアクセスがきちんと確保できる、子どもたちが常に必要最低限の栄養を摂れる、必要最低限の保健衛生のサービスを受けることができる、基礎的な初等教育を全員が確実に受けられる。こうしたことを、日本のODAが実現しなければならないのだと思います。

もう一つの柱は、人材育成です。先述したように魚の捕り方を教えるにも、少なくとも魚の捕り方を学ぶ人材がいなければ教えられません。日本はこれまでに、一八七カ国・地域から、六五万人以上の研修員を受け入れ、さまざまな職業訓練を行ったり、各国政府の職員の研修を行ったりと、いろいろな人材育成を行ってきました。初等・中等教育から職業訓練まで、いろんな形の人材育成を日本が提供していくべきだと思います。

三つ目の柱は、司法整備支援、制度構築です。いろんな国が憲法を持っていますが、憲法だけでは国は動きません。経済を発展させようと思えば、会社法、破産法、商法も必要です。国によっては、刑法が未整備のところもあります。民主主義、自由、基本的人権、法の支配、こういう考え方に裏打ちされた法制度整備支援を日本はきちんとやることができます。これまでも日本は、いろんな国の法制度整備支援を行ってきました。同じことが中国にできるかというと、なかなかそうはいきません。日本と中国の途上国支援の一番の違いはここなのだと思います。だからこそ、法制度の分野は日本がしっかり整備を支援し続けなければなりません。

二〇一九年、横浜で七回目のＴＩＣＡＤが開催されました。アフリカの国の中には、国の制度、たとえば選挙とか、議会、司法、警察、税関、国境管理とか、本来、国がきちんと整備しなければいけない制度がまだ十分に整備されていないところがあります。すると、問題が起きたときに、その国の人は国家を頼らずに、自分の所属している部族や宗教等を頼ります。それが結果として内戦につながり、アフリカの発展を妨げてしまいます。日本は、アフリカでそうした国家の制度構築の支援をやるべきだと思います。

橋、道路といったインフラは非常にお金がかかります。かつてのように無償資金でインフラを整備する余裕は日本にはありません。安い金利の長期の円借款は使い勝手がよいので、日本の円借款がほしい、という国はたくさんあります。しかし、日本一国がやれることには限界があります。今後、日本はアメリカ、ＥＵをはじめさまざまな同志国と一緒に、途上国におけるインフラ需要にどう応えていくか、優先順位を含めた戦略を考えなければなりません。

ＳＤＧｓを達成するためには年間二・五兆ドルもの資金が不足している、ということが一部で指摘されています。世界各国のＯＤＡ予算を倍にしても、ＳＤＧｓ達成のために必要な資金ギャップを埋めることは到底できません。外務大臣時代に私がいろいろな会議で申し上げてきたのは、グローバリゼーションの光が当たっている場所から、その陰になってしまった場所に手を差し伸べる必要がある、きちんと資金を回す必要があるということです。

たとえば世界中の莫大な為替取引に〇・〇〇〇一%くらいの「国際連帯税」をかけ、その税収を各国政府ではなく国際機関に直接入れ、その国際機関が緊急の人道支援を行うというのはどうでしょうか。私の外務大臣時代に、外務省にこの課題について議論してもらうための有識者懇談会を立ち上げ、また、このような新しい方法で資金を捻出することについて議論する国際的なグループ「開発のための革新的資金調達リーディング・グループ」の議長国に手を挙げて就任し、国際社会における議論をリードしていました。

今までODAというと、前出のJICAがやるものと思われてきましたが、それは違うと思います。NGOにも、もっともっと活躍してもらわなければなりません。これまでは、NGOがODA事業を行うにあたっては、予算の五%までを一般管理費に使ってよいとしていましたが、多くのプロジェクトでは、NGOが赤字になってしまっていました。そこで、最高で一五%まで一般管理費として使ってよいというルール変更をしました。日本のNGOがもっと活躍できれば、日本人の人材育成にもつながります。NGOと霞が関、国際機関、企業、自治体がもっともっと人材を交流させ、活用できるようにしていかなければなりません。

限られた財源しかないけれど、目標との差を知恵でつなぐというのが、これからの日本のO

DAのやり方だろうと考えています。結果にコミットして、どうやったらその結果が達成できるか、知恵とイノベーションで前に進むべきです。

アジアの民主主義

二〇一七年九月二十九日、ジュネーブで開催中の国連人権理事会で、日本はカンボジアの人権状況を改善するために、対立する欧米諸国とカンボジアの間を調整し、カンボジアも参加した決議案をコンセンサス（合意）採択させました。

日本は、カンボジアにおける人権状況を懸念し、カンボジア政府自身による人権状況改善の取り組みを促すために、国連とカンボジア政府が協力し、二〇一八年三月に国連から書面で人権状況の改善について報告させるという決議案を人権理事会に提出していました。

しかしアメリカは、二〇一八年三月の人権理事会において国連による口頭の報告とそれに基づく議論を行うべきと主張し、これらを追加する修正案を提出しました。これに対して、カンボジアは非常に強く反発しました。

アメリカ案には英国、スイス、ドイツ、オランダなどヨーロッパ諸国が賛成したものの賛成は一二カ国にとどまり、日本などアジア、アフリカ、中南米二〇カ国が反対し、サウジアラビア、韓国、ブラジルなど一五カ国が棄権し、否決されました。その後、日本提案が無投票で欧米諸国もカンボジアも含めた満場一致で採択されました。

日本の提案は、それ以前の決議案と比べるとカンボジアの人権状況への懸念を明記し、カンボジア政府からの人権状況を報告させるなどの譲歩を引き出しながら、カンボジア政府を決議の中にとどまらせることにも成功したのです。決議に際し、アメリカの修正案に賛成したアメリカ、EU、スイスからも、日本の調整努力に感謝するとの発言があり、当事国カンボジアからは日本の調整努力への感謝に加えて、人権や民主主義にコミットしていくとの発言がありました。

ミャンマーの「ラカイン州のイスラム教徒」の問題でも、日本はさまざまな努力をしてきました。ミャンマーのラカイン州に住むイスラム教徒の人々は、よく「ロヒンギャ」と呼ばれます。しかし、ミャンマー政府は彼らのことを「ロヒンギャ」とは呼びません。「ロヒンギャ」という呼称はそう呼ばれる部族がいることを示唆しますが、ミャンマー政府は「ロヒンギャという部族は存在しない。彼らは国境を越えてきて住み着いたベンガルのイスラム教徒だ」と主張しています。日本政府は、この問題になるべく中立的な立場で関与するためにロヒンギャという言葉を使わず、「ラカイン州のイスラム教徒」と呼ぶことにしています。

ミャンマーの国民は圧倒的大多数が仏教徒で、ラカイン州ではイスラム教徒が村ごと焼き討ちに遭ったりして、国境を越えてバングラデシュに避難しています。日本は、この問題を平和裏に解決するためにはミャンマー政府が当事者としてしっかり関与することが必要だと主張してきました。欧米各国は、ともすればミャンマー政府や軍を加害者として責めがちで、国連の調査団を受け入れるようミャンマー政府に求め、ミャンマー政府や国軍は強く反発していました。

二〇一八年四月のG7の外相会議では、共同宣言でのミャンマー問題の記述を巡って日本と欧米の意見が分かれ、事務方では調整がつかず、私と欧米側を代表するボリス・ジョンソン英国外相（当時）が差しで話し合って決着させました。

ジョンソン外相とは、すでに二〇一八年一月にバンクーバーで開催された北朝鮮に関する有志国会議でも、ミャンマーについて長時間、話し合っていました。私は、バンクーバー会議前に、他国の外務大臣として初めてミャンマー政府からラカイン州の視察を認められ、訪れていましたが、ジョンソン外相は、そのときの様子を根掘り葉掘り聞いてきました。後日、彼は私とまったく同じコースでラカイン州を視察しています。その後、電話会談をするたびにミャンマーのことが話題になるほど、この問題に熱心でした。

G7外相会議での差しの話し合いでは、「アウン・サン・スー・チー政権に寄り添うことが必要だ」と言う私の意見に対し、ジョンソン外相は「ミャンマーに国連の調査団の受け入れを求めるべきだ」と強硬に主張しました。私は「それは逆効果になるおそれが高く、日本としては別なやり方を取るべきだと考えている」と説得し、最後は、「わかった、それではタローの言うとおりにしよう」と、G7の首脳会議までを期限として、日本のやり方でやってみようということになりました。

ミャンマー国民の多数を占める仏教徒の多くは、「国連」は常にイスラム教徒の側に立つ組織であるととらえています。その国連が調査団を送っても、ミャンマー国民の多くは公平な調査が行われるとは考えないのです。調査団を受け入れればアウン・サン・スー・チー国家最高顧問率いる政権は国民の支持を失いかねず、受け入れを拒めば国際社会からの批判を受けるのは免れません。日本は、ミャンマーが自ら、独立的な調査団を組織し、その勧告に従うことを表明すべきだとミャンマー政府に伝えてきました。日本からの勧めもあり、アウン・サン・スー・チー政権は独立調査団（ICOE）を組織し、調査を委ねました。

ICOEは、国軍の幹部からヒアリングを行ったほか、ラカイン州北部の一三カ所で一〇〇〇人を超える地元住民から証言を集めました。その結果、四カ所で治安部隊による民間人の大量殺害に関する証言を得ました。たとえば、マウンドー地区トゥラトリ村では五〇〇人から六〇〇人が治安部隊により殺害された可能性があることがわかり、その他、治安部隊や地元住民による放火、略奪、殴打に関する証言も集まりました。

ＩＣＯＥは、二〇一七年八月二十五日から九月五日までの治安作戦の間に、戦争犯罪、深刻な人権侵害及び国内法違反が発生し、これらの行為に治安部隊が関与していたと信じる合理的な根拠があると結論づけました。他方、治安部隊の行動がジェノサイドの意図を持って行われたと結論づけられるような行動パターンを示すものはなかったとも報告しています。ＩＣＯＥはミャンマー国軍法務局に対して、指揮命令系統全体において責任を有する軍人に関して、必要な捜査及び責任追及を迅速に行うことを勧告しました。また、ミャンマー政府と国軍に対して、人権、国際人道法、国際刑事法、及び交戦法規に関する軍人及び警察要員の教育、訓練を強化することを求めました。その結果、ミャンマー政府がＩＣＯＥの勧告に同意しただけでなく、ミャンマー国軍も、軍規定に沿って措置を講じることに同意しました。

日本政府は、これを「ミャンマー自身の責任追及に向けた重要な進展である」と評価しました。ボリス・ジョンソン首相率いるイギリス政府も「ＩＣＯＥの勧告は、重要な最初のステップである」と述べました。後に私は、自ら外務大臣として始めたことを防衛大臣として引き継ぎ、日本の防衛大学校の准教授をミャンマーに派遣して、ICOEが勧告する国際法規に関する教育支援を行うことにしました。

こうした努力を、こつこつと日本政府は続けてきました。しかし、残念ながら二〇二一年二月、ミャンマー国軍のクーデターで、アウン・サン・スー・チー氏が率いるミャンマーの民主化政府は崩壊し、民主化の歯車が逆戻りしてしまいました。ミャンマー国軍のこのような行いに対しては、国際社会と連携して毅然と立ち向かわなくてはなりません。

G7において、日本はユニークな立ち位置にあります。日本は唯一、欧米のキリスト教的文化圏の外にあり、しかも民主主義、自由主義、資本主義といった価値観を共有しています。私は外務大臣時代、なるべくアジアや中東、アフリカといった非欧米国の視点をG7の議論に持ち込もうと努力してきたつもりです。

欧米のNGOの中には、「G7はアジア諸国の民主化をもっと加速させるべきだ」と強硬に主張するものもあります。しかし、戦後独立したアジア各国が、一足飛びに欧米と同じになることはなかなかできません。一歩ずつ、しかし確実に前に進めるように、アジアの国々に寄り添っていくことが必要です。

民主主義や法の支配、人権の尊重は、万国共通の価値観であるべきです。しかしそれを実現する道のりは、国や民族によって異なります。自分たちがこうだからといって、他の人々も同じように歩むべきだとは言い切れません。民主主義という価値観を絶対的原則として他国に押しつけがちになる欧米に対して、それぞれの国の歴史や成り立ちを尊重し、寄り添っていこうと説得するのが日本の役割だと思います。

我々には政府だけでなく、企業や海外青年協力隊、ＮＧＯなどオールジャパンで積み上げてきた信頼があります。我々は教育に投資し、人を育て、科学技術を発展させ、戦後の荒廃を乗り越え、欧米に肩を並べるまでに経済を成長させてきました。こうした日本の歩んだ道のりは、多くの国々の参考になるはずです。

中東外交

外務大臣として、私が力を入れたものの一つに、中東外交があります。

中東から大量に輸入する原油や天然ガスは長年、日本経済を支えてきました。中東の平和と安定は日本の繁栄に直接的に関わってきます。このように日本経済に直接的な影響がある中東に、経済だけでなく政治でも日本は関与していく必要があります。

日本は、イスラム教やユダヤ教、キリスト教といった中東の宗教やアラブ、ペルシャ、ユダヤなどの民族のいずれとも特定の関係にありません。英仏などと違って、歴史的にも中東を植民地にしたような過去もありません。そして、エジプトのエルシーシ大統領が「日本人は歩くコーランだ」と語ったことがあるように、日本人の価値観はアラブの価値観と似たところがあります。

パレスチナをはじめアラブ諸国・地域への日本からの支援は地域で高く評価され、その結果、日本はサウジアラビア、イラン、そしてイスラエルをはじめ、中東すべての国と極めて良好な関係にあります。そして日本が中東で大きな役割を果たしてきたアメリカと同盟関係にあり、率直に話し合いができる関係にあるということも、中東各国はよく認識しています。

しかし、これまでの日本は、政治的に中東にコミットしているとは言いがたかったのも事実です。たとえば私のオマーン訪問は、日本の外務大臣として実に二十七年ぶりでの訪問でした。また、トルコ訪問も、日本の外務大臣として六年ぶりでした。

私は、二〇一七年九月に行われた初の日アラブ政治対話において、日本の中東への関わり方を示す「河野四カ条」、すなわち「知的・人的貢献」「人への投資」「息の長い取組」「政治的取組の強化」を発表しました。私は外務大臣として、この方針の下、日本は経済面のみならず、中東への政治的関与を強化し、その平和と安定に向けいっそうの役割を果たしていく、という意思を明確に打ち出しました。

日本が十年以上にわたり、腰を据えてじっくりやってきたＪＡＩＰと呼ばれるヨルダン川西岸のジェリコでの農産加工団地のプロジェクトがあります。麻生太郎外相のときに合意されたもので、日本とパレスチナだけでなく、近隣のイスラエルとヨルダンの協力も得ながら実施されている、パレスチナでは非常に珍しい長期プロジェクトです。

しかも、第一フェーズですでに製薬原料やパレスチナで初めての国内産ジュース、ウェットティッシュなどパレスチナの一七社が製造を開始した、という成果を上げています。こうしたＪＡＩＰで製造された製品は、パレスチナ領内からアレンビー橋の国境を越えてヨルダンから湾岸諸国、アラブ各国、欧米、そして日本に輸出され始めています。さらに第二フェーズでは、物流を強化するとともにパレスチナのＩＣＴ（情報通信技術）企業の立ち上げ支援や人材の育成に取り組みます。日本の取り組みがパレスチナの若者に夢と希望を与え、この地域の安定につながるように、息長く支援を続けていきます。

第四章

防災4・0

防災の司令塔はいかにあるべきか

日本は、地震、台風、豪雨、洪水、津波、火山噴火など、これまでさまざまな種類の自然災害に見舞われてきました。こうした大きな自然災害が起きると、必ず話題に上るのが、アメリカのＦＥＭＡ（連邦緊急事態管理庁）のような危機管理庁を設立すべきだという議論ですが、防災担当大臣として熊本地震への対応にあたった経験から、私は災害対応のための新組織の設立には反対です。

熊本地震（二〇一六年）が起きたとき、政府は主に三つの組織で対応しました。一つは、官邸でほぼ毎日開催され、閣僚級が出席した非常災害対策本部です。ここは、各省庁の持つ情報を閣僚が共有する場であり、総理を中心とした意思決定の場であり、メディアを通じて国民への総理のメッセージを毎回発出する場でもありました。

同様に、官邸では「被災者生活支援チーム」が設けられ、防災担当大臣の私や杉田和博官房副長官、総理補佐官、内閣府防災の政策統括官を中心に、全省庁の局長級が集まる会議が毎日行われていました。この場では、その時々に、被災地が必要としていること、今後、対応が必要となってくることなどがリストアップされ、それぞれの問題を解決するために、どの省庁が何をするか、万が一、事態が変わったら、誰がどう対応するのか、といったことが議論され、担当する部署と関連する部署が決められていきました。

さらに、熊本には現地対策本部が設けられ、松本文明内閣府副大臣や酒井庸行、牧島かれん両内閣府大臣政務官が交代で現地対策本部長として派遣され、また、関連する省庁から局長や審議官クラスが送り込まれました。現地対策本部では、現地の最新状況を把握すると同時に、地元の自治体や電力・ガス・水道等のインフラに関連する企業や業界団体、自衛隊、警察、消防あるいはNGOなどとの調整が刻々と行われていきました。

熊本地震では、多くの自治体で市役所や町村役場そのものが被災し、また、自治体の職員の多くが被災したために、被災直後には司令塔として機能することができなくなりました。そのため、初めて国によるプッシュ型の支援、つまり、自治体からの要請の前に、国のほうで被災地が必要とするであろうものをリストアップして送り込むということが行われました。

発災直後は、捜索、人命救助、被災状況の把握が中心で、すぐに水、食料、簡易トイレ、毛布などが必要になります。さらに避難所が立ち上がると、段ボールベッド、子ども用ミルク、衛生用品等のニーズが追加され、下着を中心とした着替え、水の要らないシャンプー、和式トイレを洋式に換えるアタッチメントなどが送り込まれました。その間に、水や電気、ガスといったインフラの復旧が急ピッチで進められ、避難所に届ける水や食料に加えて、自宅で過ごしている人たちのために、コンビニやスーパーへの商品の配送の確保も重要になりました。

この段階で重要だったのが、「支援チーム」及び現地対策本部を構成する中央官庁とさまざまな業界とのふだんからのつきあいです。たとえば水道を急ピッチで復旧するためには、水道管の補修ができる人材を全国から集めなければなりません。同様に、ガスや電気の復旧のためにもガス管や電力線の復旧ができる技術者が必要です。電力会社、都道府県の水道局、全国のガス会社などから補修に必要な人材を熊本に送り出してもらうために、所管の官庁が必死に要請の電話をかけ続けました。熊本のコンビニの店頭にできるだけ早くおにぎりを並べてくださいと、役所の課長が企業の経営者に直接、お願いしました。ふだんからさまざまなやりとりをしている人間関係もあって、「よし、わかった」の一言で、ずいぶん無理な要請も受け入れてもらえました。

つまり、こうした非常時に大切なのは「これなら誰に頼める」「どこが能力、技術を持っている」ということをわかっていることなのです。

もし、日本型危機管理庁を立ち上げたとしても、いざというときにすべて自分でやれるわけではありません。いざ発災というときに、ふだんからさまざまな業界とのつきあいがなければば、何をどこに頼んでよいのかわかりません。平時の関係がなければ、非常時に物事は動きません。

災害時に必要なのは、全体のとりまとめや司令塔機能を果たせる部署と、ふだんから自治体や業界とのつきあいがあっていざというときに物事を動かせるさまざまな部署、つまり、車輪の軸になるハブと車輪を支えるスポークの関係なのです。

防災担当大臣としての私の下には、政策統括官をヘッドにした「内閣府防災」という災害対応の経験が豊富な部署があり、私を支えると同時に、災害対策本部、支援チーム、現地対策本部の事務局機能を果たしてくれました。

私が防災担当大臣に就任する直前の二〇一五年九月に、茨城県を中心とした大規模な洪水が起こり、内閣府防災のメンバーは、その対応にあたっていました。災害の多い日本ですから、国の役所で防災を担当すると必ず、何がしかの災害に直面し、その対応にあたりながら経験を積んでいくことになるのです。ですから、危機管理庁など新しい組織を立ち上げる必要はなく、この内閣府防災が持つ平時の災害予防から災害対応、復旧・復興に至るまでの司令塔機能を充実させることが重要です。

では、司令塔機能を充実させるために、さらに何をすべきでしょうか。

一つは、「防災職」を確立することです。内閣府防災で災害対策にあたりながら、国土交通省で河川や道路の経験を積んだり、地方自治体に出向して自治体の意思決定やインフラ整備、避難所の設置などを現場で経験したりして、また防災に戻ってくるといったことを繰り返しながら、災害対応のエキスパートとなる人材を計画的に養成していくことが必要です。

また、内閣府防災には国土交通省をはじめさまざまな省庁からの出向者が来ています。霞が関の各省庁の中に、防災を経験したことがある人材が万遍なくいることが大切です。つまり、災害が起きたときに、被災地では何が起きていると考えられるのか、どんなことが必要になるのか、時間が経つにつれてニーズがどう変わっていくのか、それを見越して我が省ではどんな準備をしたらよいのか、ということがピンとくる人材を各省庁につくっておくことが大切です。

私自身、防災担当大臣を経験してから防衛大臣を拝命しましたので、二〇一九年の台風19号による災害派遣でも「自衛隊にこんな要請がきっとくるから、それに備えるように」という指示を早手回しに出すことができました。ハブとスポーク、両方を強化することが大切です。

熊本地震では、現地対策本部にも各省から人を出してもらいました。このときに霞が関から熊本に集まった各省のトップ九人は、それぞれの役所でも実力を買われており、そのめざましい働きでやがて、熊本のKにちなんで「K9（ケイナイン）」と呼ばれるようになりました。彼らが、常にワンチームで最善の方法を考えて提案してくれました。

たとえば各省庁は、それぞれの年次のトップと思われる者を、課長に就任する前に一年間、内閣府防災に出向させるということをルールにしたらどうでしょうか。それぞれの役所を将来率いていくであろう人間が、常に防災マインドを持つことになりますし、同期のトップが防災で一年間、同じ釜の飯を食う、あるいは平時とは違う状況の中で一緒に危機管理にあたるというのは、その後の省庁の枠を超えた連携につながっていくことにもきっとなるでしょう。

さらに、地方自治体から内閣府防災に出向者を出すのも大切です。これまでも内閣府防災は、地方自治体からの出向者を受け入れてきました。先述のように災害が多い日本ですから、一年間、内閣府防災に出向すると、結果的に多くの出向者は、何らかの災害対応を経験することになります。災害対応は、経験がモノを言う世界です。ぜひ都道府県や市町村には、防災や災害対応のキーマンになる人材を内閣府防災に最低一年、出向させていただきたいと思います。

防災4・0で災害の激甚化に備えよう

戦後に日本の災害対応の節目となった大規模災害が、これまで三つありました。伊勢湾台風、阪神・淡路大震災、東日本大震災です。

伊勢湾台風（一九五九年）は、戦後間もない時期に襲った大規模な台風で、多大な人的被害をもたらしました。この当時はまだ、政府の災害対応に関連する法律や体制が整備されていませんでした。伊勢湾台風の教訓から、災害対策の最も基本となる災害対策基本法が制定され、同法に基づく中央防災会議の設置、防災基本計画の作成が行われるようになりました。

阪神・淡路大震災（一九九五年）は、都市の直下を震源とする大規模地震で、住宅の倒壊、水道・電気・ガスなどのライフラインの寸断、交通の麻痺といった都市型災害による甚大な被害とそれまでに経験したことのないような多数の被災者が発生しました。阪神・淡路大震災の教訓から、官邸における緊急参集チームの設置等危機管理及び初動体制が整備されました。また、被災者生活再建支援法や建築物の耐震改修促進法が制定されました。また、全国からのべ一四〇万人ものボランティアが駆けつけたことからボランティア元年と呼ばれ、自主防災組織やボランティアによる防災活動の環境整備が具体的に進むきっかけとなりました。

東日本大震災（二〇一一年）は、マグニチュード九・〇という我が国観測史上最大の巨大地震と大津波の発生により、東北地方の沿岸部を中心に、甚大かつ広域的な被害をもたらしました。この震災で、地方公共団体の機能が著しく低下したため、災害対策基本法の改正により、国や都道府県が市町村からの要請を待たずに、自らの判断で物資等を供給できるプッシュ型の物資支援の枠組みや、国が応急措置を代行する仕組みが創設されました。

さらにこのときの教訓から、大規模地震の被害想定や対策の見直しが行われました。想定し得る最大規模の地震・津波や洪水等に関して「減災」という考え方を防災の基本理念として位置づけ、津波防災地域づくりに関する法律の制定、海岸法の改正、水防法の改正等が行われました。また原発の事故を受けて、原子力安全・保安院の廃止と原子力規制委員会の設置等の原子力政策の見直しも行われました。

私が防災担当大臣を担ったときに、これら三つの大災害への取り組みをそれぞれ防災1・0、防災2・0、防災3・0と考え、近い将来、来るであろう大災害に備えようというプロジェクト「防災4・0」を立ち上げました。

これまで大きな災害が起きるたびに、制度の見直しや体制の整備を行ってきました。しかし今日、現に発生している気候変動は今後、経験したことがないほどの災害の激甚化をもたらすことでしょう。たとえば首都圏における大規模水害の懸念が高まる中、こうした大きな災害の発生時における「公助」には限界があるということも、冷静に受け止めなければなりません。国民一人ひとりが災害リスクに向き合い、自らが主体となって災害に備えるといったことが全国で展開されるように、また、行政だけでなく、地域、住民、企業などの多様な主体が、防災を「自分ごと」として捉え、相互の繋がりやネットワークを再構築することで、社会全体の復元力を高め、災害に備える社会をつくることを目指したのが、「防災4・0」未来構想プロジェクトです。

新しい復旧のあり方

自然災害により住宅に被害を受けた際、再建に公的資金を投入しないのが被災者支援の原則とされ、住宅再建は「自助」により行うことが基本でした。住宅が全壊した世帯等を対象とする被災者生活再建支援制度は見舞金的な性格とされ、支給額は最大三〇〇万円となっていますが、住宅を新たに建築するには十分ではありません。国内外からの義援金もありますが、住宅再建には十分な額とはならない場合がほとんどです。こうした原則の見直しが必要です。たとえば一戸建ての自宅が被災した場合、仮設住宅にかかるコストと被災者生活支援金の上限の合計の範囲で、自宅の土地に個人のための住宅を再建することもできるはずです。

災害救助法に基づく応急仮設住宅の標準建設コストは、一戸当たり約五七一万円ですが、東日本大震災で建てられた応急仮設住宅の建設コストは、七〇〇万円を超えるところもありました。このコストに被災者生活再建支援金を加えた金額に、個人の資金を足せば、小規模なローコスト住宅ならば建てられます。被災者が高齢の場合など、新たに自力で再建することが難しい場合に、このような一定の限度内で個人の住宅再建に対して直接支援することを検討すべきです。

三十年以内に七〇〜八〇％の確率で発生すると想定されている南海トラフ地震や、七〇％程度の確率で発生すると想定されている首都直下地震といった大規模震災では、非常に大きな住宅被害が想定されています。住宅が全壊した世帯に支給される被災者生活再建支援金の東日本大震災による支給額は、三七〇〇億円を超えました。全壊住宅の数が東日本大震災の約二〇倍と想定される南海トラフ巨大地震が発生した場合には、この金額が八兆四〇〇〇億円にも達すると試算されています。

こうした場合には、公助や共助による個人の住宅再建や地域の復興には限界があります。災害発生後、速やかに生活を再建するためには、個人・世帯単位においても保険による経済的な

「備え」をしておくことが極めて重要です。各世帯は、居住する地域の災害リスクを認識し、いざ災害が発生した場合にどのような損害を被る可能性があるか、その被害に対して保険等によるコストはどれだけかかを把握し、必要な保険に加入すべきです。

熊本地震の際の地震保険の支払いは、発災後一カ月に支払件数割合は七〇％を超え、半年後にはほぼ終了していることから、地震保険が被災者の速やかな生活再建に役立っていることは間違いありません。住宅の再建や復興のために各世帯が保険により事前に備えることが重要です。それに加えて、強制保険による財源確保を全国民で支える仕組みの検討は急務です。

リスクに備えるという観点からは、リスクの高い層が本来負担すべき保険料の一部を加入者全体で負担するような設定が必要です。そのためにはリスクの低い層を含め、薄く広く加入を促進してリスク分散を図らなければなりません。たとえば全国一律で固定資産税に一定額を上乗せし、災害に対する保険をかけるというのも一案です。

フランスでは、一九八一年の洪水災害を契機に、政府が異常・巨大な自然災害と認定した洪水・地震等による対象財産の物理的損失を補償する巨大自然災害保険制度（Ｃａｔ Ｎａｔ）が創設され、全国一律の保険料率で、住宅保険等の財産保険や自動車車両保険、事業損失保険に強制付帯されています。強制付帯のため、ほぼ全加入だと言われます。

ニュージーランドでも、民間の火災保険に加入する場合に地震保険が強制付帯となる地震保険制度があり、政府は保険の約定補償額に対して無制限の支払保証をしています。やはり一律の保険料率で、加入率は九〇％です。

災害復旧のあり方についても、原形への復旧だけでなく、さまざまな創造的な復興の検討が必要です。また防災事業や災害復旧、復興事業における土地収用を困難にしている背景に、土地所有権の保護が非常に強いことがあります。防災・減災、復旧・復興を目的とした土地収用及び土地利用の制限等についても、検討する必要があります。

感染症対策

新型コロナウイルス感染症のワクチン接種を担当して、国内でワクチンが開発されていないこと、国内でワクチンが生産されていないことがいかに問題か、骨身にしみました。国内のワクチンメーカーは、二〇〇九年の新型インフルエンザのワクチンを開発したものの、その投資を回収できませんでした。その後もワクチン技術の開発に国からの十分な支援もなく、新型コロナウイルス感染症のワクチン開発では出遅れました。

国内でワクチンの開発・生産が間に合わなかっただけでなく、外国産のワクチンの導入も出遅れました。すでに海外では治験が終わっているにもかかわらず、「日本人を対象とした治験で安全性を確認しなければならない」という理由で百数十人の治験を行ったため、承認が大きく遅れました。アメリカの治験では、日系やアジア系のアメリカ人も対象となっていたはずです。直面している危機の大きさに鑑みた判断をできる仕組みが必要です。

今回はEU域内で生産されたワクチンを輸入したため、EUの輸出承認を取らなければなりませんでした。ファイザー社は米国内でも同じワクチンを生産していましたが、その工場が厚労省に承認されていないという理由から、当初はアメリカから輸入したくともできませんでした。

平時の予防接種と危機的な感染症への対応では、違いがあって当然のはずです。ところが今回のワクチン接種は、平時の予防接種法に基づいて行われ、市町村が主体となり、医師会を経由して医療従事者にお願いして接種してもらわなければなりませんでした。

二十一世紀に入り、二〇〇二年のSARS、二〇〇九年の新型インフルエンザ、二〇一二年のMERS、そして二〇一九年の新型コロナウイルスと、人類は次々と新たな感染症に襲われています。さらにアフリカではエボラ出血熱やマールブルグ病のような致死率の高い伝染病が拡大し、他にもウエストナイル熱・脳炎やジカ熱の流行も起きています。航空機による国境や大陸を越えた人の移動が容易になったこととも相まって、感染症の世界的な流行は、これからも起きると考えなければなりません。非常時に、平時と違う対応ができる法的な用意が必要です。いざというときに、医療機関や医療従事者に対して政府が指示、あるいは命令を発することができる仕組みが必要です。

今回、政府は感染症対策や医療に関して、直接、現場とつながっていないことが明確になりました。重大な感染症による危機が発生した場合に、都道府県の保健医療部門や各地の保健所を厚労省の指揮下に組み入れることを想定するべきです。

感染症対策の第一は、感染症を国内に入れない水際対策ですが、必ずしもそれが成功するとはかぎりません。新型コロナウイルスのように国内で感染が広がったときに、どう対応するのか、そのためにどう準備するのか、感染症対策の司令塔を整備しなければなりません。

さらに、感染者に濃厚接触した人を速やかに特定するなど必要な対策を効率的、効果的に行うためにＩＴ（情報技術）やＡＩ（人工知能）を的確に活用することが必要です。そのためにも、民間の協力が欠かせません。

地震や台風と違って、感染症は収まるまで時間がかかります。また、時間とともに全国的に広がっていきます。いかに感染症対策の司令塔やさまざまな対策を打つ政府や自治体の信頼性を維持するか、そのためにいかにして正しい情報を発信するか、といったことが重要になります。誤った情報やデマが流布されたときに、速やかにそれを打ち消していくための手段を持たなければなりません。マスメディアだけに頼るのではなく、政府や自治体が自らＳＮＳでタイムリーに情報を発信していくすべを身につけなければなりません。国民がどんな情報を必要としているのか、何を心配しているのか、何に困っているのかなどを把握するためにも双方向性が重要です。

ワクチン担当大臣に就任した直後、ワクチンがいつ日本に入ってくるのか、マスメディアではさまざまな情報が飛び交いました。このとき心掛けたのは、政府内の情報発信を一元化することでした。出所が不明のあやふやな情報が流れると、住民からの問い合わせへの対応で自治体の担当者の業務が滞り、自治体からの問い合わせで今度は厚労省の業務が止まってしまいます。はっきりとした情報を私の責任で発信し、間髪入れず、自治体にその旨を通知するように努めたつもりです。また、官邸のホームページとツイッターで正確な情報をいち早く発信し、そこに注目を集めるようにしました。メディアや自治体、医療関係者が必ずここを見てくれるようになれば、デマや誤情報が流れたときに、それをいち早く打ち消すことが可能になります。

感染症が国内で拡大したときに備えて、医療の冗長性（同じ予備機能が複数あること）を確保することの重要性を、私たちは身にしみて感じました。感染症が起きたときに、医療の分野でどんな対応を取るのか、そして社会的にどのような対応を取り、支援をどうするのか、ということをあらかじめ議論し、決めておくことが迅速な対策につながります。自然災害時に避難所になるような公共施設を、感染症が拡大したときに患者を収容することができるように、しっかりと整備することも重要です。そのためにもそれぞれの公共施設にトイレやシャワー、あるいはプライバシーに配慮したスペースなどを確保する検討が必要です。

感染症の拡大により、経済に影響が出始めたとき、まずは個人や事業所の公共料金の支払いを猶予し、国は電力会社、ガス会社などに対して無利子の融資を出す、次の段階で法人税、所得税をはじめとする納税猶予を行う。さらに、必要ならば休業補償や助成金というように、段階をあらかじめ決めておく必要があります。そして、補償や助成のためにマイナンバーや企業番号を活用して速やかな対象の決定、支払いができるような準備をしておく必要があります。

さまざまな業種の事業所、金融機関、学校や保育園、鉄道をはじめとする交通機関、社会的なインフラとなったコンビニなど、それぞれにどのタイミングでどんな制限をかけるのか、事前の検討が必要です。

「どんな対策を取るか」という方針が決定されれば、実際に行っていくところは、災害対応と似たところがあります。自然災害と同じように、感染症対策に関しても、いざというときに備えた訓練をしておくことが重要です。

第五章

エネルギー革命を起爆剤に

二〇一二年の総選挙で自民党、公明党が圧勝し、第二次安倍政権が誕生しました。そんなある日、私は党の重鎮の一人と向き合って座っていました。

「河野太郎の主義主張は、みんなよくわかっている。小泉純一郎元総理も、『河野太郎はただの変人ではなかった、彼が正しかった』とおっしゃるようになった。だからそろそろ君も外で吠えているだけでなく、閣僚になって実際に物事を実現してみるべきだ。河野太郎も政治家としての常識がある、チームプレーができる、ということを証明してみろ。閣僚になっても閣内での議論は自由だ。ただ君もよくわかっているように、対外的には内閣の方針を言わなければいけない。納得できないところもあるかもしれないが、それは君が総理になったときにやればいい」

政府の中で

二〇一五年十月七日、私は内閣改造（第三次安倍政権）で、国務大臣、国家公安委員会委員長、行政改革担当、国家公務員制度担当、内閣府特命担当大臣（防災、規制改革、消費者及び食品安全）に就任しました。与党の一議員として発信することも大事ですが、閣僚として政府に入れば、権限を持って仕事をすることができます。エネルギー政策や原子力政策を所掌する経済産業大臣ではなかったのは残念ですが、それでもさまざまなことを実現できました。

防災担当大臣の担当は自然災害です。原子力災害は、環境大臣が担当します。しかし、環境大臣が担当するのは研究用と事業用の原子炉の事故に限られます。例外は米軍の原子力艦による原子力災害で、これは防災担当大臣の担当です。

一九八〇年六月に制定された「原子力施設等の防災対策について（旧指針）」によれば、原子力施設の敷地境界付近における放射線量率が五〇〇マイクロシーベルト／時を超えた場合に避難することになっていました。これを引用して、二〇〇四年八月に「原子力艦の原子力災害対策マニュアル」が整備され、原子力艦係留地の敷地境界付近における放射線量率が一〇〇マイクロシーベルト／時を超えた場合、原子力空母ならば一km以内は避難またはコンクリート屋内退避、三km以内は屋内避難ということになりました。

その後、二〇一一年の福島第一原発事故を受けて、旧指針は「原子力災害対策指針（新指針）」に改められ、五マイクロシーベルト／時を超えた場合、五km以内は避難、三〇km以内は屋内退避とされました。

しかし、なぜかその際に「原子力艦の原子力災害対策マニュアル」のほうは改められませんでした。二〇一三年には横須賀市長などからこのマニュアルの見直しを求める声が上がりましたが、私が防災担当大臣に就任したときまで、改訂は行われていませんでした。

そこで私は、防災担当大臣に就任後一週間で、米軍の原子力艦の災害時における避難判断基準である一〇〇マイクロシーベルト／時を原発並みの五マイクロシーベルト／時に見直すことを決めました。

消費者問題として

消費者問題担当大臣としてもエネルギー問題に関わりました。

東京電力は二〇一六年二月に、電力小売り自由化で契約先を東電から切り替える消費者のスマートメーター（電子式電力量計）への取り換えを一五万台、計画していました。にもかかわらず「工事力確保の遅れ」を理由に、四万台しか取り替えを行いませんでした。

ところが、契約先を切り替えない消費者のスマートメーターへの切り替えは、二八万台の計画に対して三一万台が実施されていたのです。小売り自由化により契約を東電から切り替えようとしている顧客のスマートメーターの切り替えが、わざと遅らされている可能性が指摘されました。

さらに、東電は三月には契約先を変更する顧客のスマートメーターへの切り替えを二三万台、その他の顧客の切り替えを一七万台行うとしていましたが、三月二十五日時点で契約を切り替える顧客のスマートメーター切り替えは一〇万台にとどまり、引き続き東電と契約する顧客のスマートメーターへの切り替えは一二万台行われていることが明らかになったのです。

そこで、消費者庁からこの問題に関して経産省に照会をした結果、経産省から東京電力に対して、三月十七日までに契約切り替えを申し込まれた三八・五万件については四月中にスマートメーターの設置を完了させるとともに、消費者に対する説明責任を果たすように申し入れが行われました。

また、五月二十日には消費者問題担当大臣として、消費者委員会に対して、電力託送料金の査定の改善方法について諮問を行いました。この諮問を受け、消費者委員会で議論が行われました。その結果、出された答申では、託送料金の査定等にはいくつもの改善が必要な点があることを明確にしています。

一、コスト削減実績が料金値下げに反映されるよう料金の原価算定期間終了後には原価を見直すこと
二、産業向けに比べて家庭向けに過大に配分されている懸念がある送配電設備等の固定費に

ついて、一般消費者が納得できる配分に改善すること

三、電力各社の資材等の調達効率化を進めるため、外部から恒常的に監視や検証をすべきこと。その際、電力各社に競争発注比率の引上げ等について目標を掲げさせるべきこと

が指摘されました。

さらに消費者の理解や納得性の観点から、託送料金の内容や、電源開発促進税等が託送料金の仕組みで集められていること等をしっかり情報提供すること。そのためには、小売電気事業者も、請求書等にこれらの金額を明記するべきことなども指摘されました。

この答申は、消費者利益の擁護、増進の観点から、非常に重要な提言だと考えています。答申で提言された改善措置が速やかに実行されるよう、消費者政策を担当する内閣府特命担当大臣として経済産業大臣に文書で申し入れを行いました。

行政改革の一環として

行政改革担当大臣として実施した二〇一五年十一月の行政事業レビューでは、安倍総理の了解の下に、エネルギー・原子力分野を重点的に取り上げました。

国立研究開発法人日本原子力研究開発機構運営費交付金では、一〇〇億円以上のコストをかけて建造保有しながら、ほとんど使用されていない核燃料運搬船「開栄丸」や、巨額のコストをかけて建設しながらまったく利用されてこなかったＲＥＴＦ（リサイクル機器試験施設）などの事業をレビューしました。ＲＥＴＦとは、もんじゅで燃やされるプルトニウム燃料を再処理する技術の開発のために建設された施設ですが、もんじゅが稼働しないため、まったく利用されないまま放置されていました。ＲＥＴＦに関しては、概算要求に計上されていた無駄な改造費が取り下げられ、また、開栄丸に関しても、一二億円の予算の垂れ流しが止まりました。

原子力発電に関しては、さまざまな交付金が設けられていました。一覧にしてみると、

電源立地地域対策交付金（経産省）
交付金事務等交付金（経産省）
電源立地地域対策交付金（文科省）
交付金事務等交付金（文科省）
原子力発電施設等立地地域特別交付金（経産省）
原子力発電施設立地地域共生交付金（経産省）

核燃料サイクル交付金（経産省）
原子力発電施設等周辺地域企業立地支援事業費補助金（経産省）
電源地域産業育成支援補助金（文科省）
原子力発電施設等立地地域基盤整備支援事業交付金（経産省）
エネルギー構造高度化・転換理解促進事業費補助金（経産省）
広報・調査等交付金（経産省）
広報・調査等交付金（文科省）
原子力総合コミュニケーション事業（経産省）
核燃料サイクル関係推進調整等委託費（文科省）

これらの交付金は、交付先の地方自治体の計画に基づいて事業を実施していることになっているはずですが、さまざまな交付金や補助金が経産省と文科省に乱立し、交付規則が公開されておらず、交付金がどこの自治体にいくら交付されたかも公開されていないなど、非常に不透明でした。また、執行率が低調なものもあり、効果の定量的な検証はまったく行われていませんでした。

レビューの結果、各種交付金に関しては、交付規則や、どこの自治体にどの交付金からいくら交付されたか、それぞれの自治体が何を目的にどう使って、結果がどうだったのか、すべて公開されることになりました。

二〇一六年六月には春のレビューが省庁ごとに行われ、経産省の海外におけるウラン探鉱支援事業補助金が対象となりました。

レビューの中で、経産省から「中長期的にウラン需給逼迫の可能性」があり、「ウランの全量を輸入している我が国にとって、中長期的な観点も踏まえ、ウランを安定的に調達することは重要な課題」という主張が行われ、さらに「官民一体となってウラン供給源の多角化を図り、安定供給の確保を図るものであり、政策目的の達成手段として必要かつ適切であり、優先度の高い事業である」という説明もありました。

この説明は、補助金の説明としては適切かもしれませんが、これまで経産省が繰り返し述べてきた「原子力は準国産エネルギーである」という主張とはまったく相容れません。

ウランは全量を輸入に頼っているために需給が逼迫する可能性があり、安定的な調達は重要な課題であり、官民一体となって供給源の多角化を図ることが必要である、と言うならば、どうしてそれを「準国産」などと言えるのでしょうか。レビューを行った有識者からも、原油の備蓄は半年程度でよしとされているのに、ウラン燃料は原子力発電所二年分を保管することとされており、そのウラン燃料を使う原子力発電が準国産というのはおかしいとの指摘がありました。

そこを詰められると、経産省は、ＩＥＡ（国際エネルギー機関）が原子力は準国産のエネルギーだと定義しているから準国産エネルギーだ、などと開き直りました。

行政改革担当の国務大臣として、我が国の予算や政策を議論するときに、一方では供給源の多角化を主張しておきながら、他方で原子力は準国産などと主張することは相矛盾しており、認められないということをはっきりと指摘しました。

原子力発電に関する予算については、私が行政事業レビューで取り上げるまで、精査されたことがほとんどありませんでしたが、この二回のレビューで、かなり問題提起をすることができました。

行政改革担当大臣としての問題提起はまだあります。

東京電力福島第一原子力発電所の事故により放射性物質が大量に放出され、環境が汚染されました。放射性物質汚染対処特措法の規定により、除染等にかかる費用は東京電力に支払い義務があります。除染には、除染を国が実施する除染特別地域と市町村が除染を実施する除染実施区域があります。どちらも東京電力に対して費用が求償されます。

最初に東京電力に対して費用の求償が行われたのは、二〇一二年十一月でした。それ以来、二〇一六年までに、東京電力に対して合計一四回の除染の費用の求償が行われました。

東京電力に対して求償した金額は二〇一六年五月末で七〇七三億円でしたが、それに対して東京電力が実際に支払ったのはそのうちの四一九四億円、わずか五九％に過ぎませんでした。私は、東電への最大の求償額を有する環境省をはじめ各省庁に、早急に対応するよう求めました。

また、市町村除染実施区域にある国有財産の除染を国が行う事業が二〇一四年度から始まっていました。法務省、財務省、文科省、厚労省、農水省、国交省及び防衛省の施設が対象となっています。この除染に要した費用も、事故を起こした東京電力に求償し、東京電力が支払うことになっています。しかし、すでに終わっていた二カ年分の費用の多くを東京電力はそのときまで支払っていませんでした。

そこで各省庁に、これまで除染に費用がいくらかかったのか、その分が東京電力にきちんと求償されたのか、そして東京電力がきちんと支払っているのかを確認しました。その結果、各省庁から東京電力に求償されていない分もあり、また、求償されたものの東京電力の支払いが遅れている分もかなりありました。そこで各省に対して、きちんと東電に求償すること、同時に支払のための処理期間をはっきりさせることを求めました。

しつこく支払いの迅速化を求め続けた結果、改善が見られました。これまでは市町村除染の費用を県が取り纏め、環境省から東京電力に求償すると、何回も追加の書類を東京電力から求められ、結果として支払いが遅れるということがありました。そこで「何を確認したいか」ということを明確にさせ、確認回数も原則一回にさせました。また、それまでは東京電力が追加の書類を請求するまでの期間に上限がありませんでしたが、追加書類の請求は、二十五日以内にしなければならないと定めました。さらに、東京電力が書類を受け取ってから請求の応諾をするまでの期間にも上限がありませんでしたが、それも三カ月と期限を切りました。それでも決して十分とは言えませんが、とりあえずの第一歩を踏み出しました。

日本の再生可能エネルギー外交を宣言

その後、外務大臣を拝命（二〇一七年八月）し、各国の政府要人と会談を重ねていく中で、地球温暖化の問題について世界各国が極めて深刻に捉えていること、そして日本も、この問題解決に大きな責任を負っていることをあらためて認識しました。私が日本の外務大臣として初めて出席した二〇一八年一月のＩＲＥＮＡ（国際再生可能エネルギー機関）の総会の演説では、日本の現状をlamentable（悲しい）と表現せざるを得ませんでした。

当初、私のスピーチは外務省が起案したものの、資源エネルギー庁、環境省、農水省、復興庁との合議で修正され、何を言っているのかわからないようなものになっていました。それを見て、「こういうスピーチでお茶を濁しているから、再生可能エネルギーの分野で日本は世界から相手にされないんだ。だめなものはだめとはっきり言おう」と、担当課長たちに全面的な書き直しを命じました。その結果が、ＩＲＥＮＡに集った世界の自然エネルギーに関わる大臣たちや国際機関の代表の間で有名になった日本の再生可能エネルギー外交を宣言したスピーチです。

「今、私たちは新しい時代を迎えています。再生可能エネルギーの時代です。再生可能エネルギーの拡大を通じて、気候変動を抑え、きれいな空気を保ち、未電化地域に光を届ける時代です。そのためには、世界の全ての力を結集する必要があります。

皆さんは、再生可能エネルギーの導入では世界から大きく遅れている日本の外務大臣が何を言うか、とお思いかも知れません。私も、日本国内の再生可能エネルギーを巡る現在の状況は嘆かわしいと思います。再生可能エネルギーの劇的な価格下落や気候変動問題が脱炭素化を不可避にしている世界の趨勢から目を背け、変化を恐れて現状維持を優先した結果、日本の再生可能エネルギーの電源割合目標は二〇三〇年で二二〜二四％という大変低い数字にとどまっています。現在、再生可能エネルギーの電源割合の世界平均は二四％であり、日本が二〇三〇年に目指す数値が今の世界平均ということは、日本の外務大臣として、何とも悲しく（lamentable）思います。

これまでの日本の失敗は、世界の動きを正しく理解せず、短期的なその場しのぎの対応を続けてきた結果です。日本も、二〇一二年以降、固定価格買取制度を導入し、再生可能エネルギーの導入を加速しようとしてまいりました。しかし、制度の硬直的運用により、国民負担は二〇一七年度には約二四〇億ドルにのぼり、今後更に増える見込みです。また、世界的な太陽光や風力の劇的な価格低下を日本は享受できていません。分散型電源や再生可能エネルギーの熱利用も十分に活用されているとは言えません。日本では昨年秋に初めての入札が一部太陽光で実施されたばかりですが、入札制度も含め、いかに再生可能エネルギーの価格を下げるか知恵を絞る必要があると痛感しています。更に、再生可能エネルギーの大量導入を可能とするための送電網・連系線の増強や、地域を越えた電力融通に必要な大胆な投資や制度改革が行われていない状況です。

かように現在の日本の現状は嘆かわしいものですが、しかし、私は今日、このIRENA総会の場で、今後、日本は新しい思考で再生可能エネルギー外交を展開し、世界の動きを正しく理解し、長期的視野に立った一貫した対応をとっていくことを宣言したいと思います」

（原文英語、引用は外務省の仮訳。ただし、表現を一部改めました）

気候変動に関する有識者会合

私は、二〇一七年の秋に外務大臣に再任してすぐ、気候変動問題に取り組み始めました。まず、外務大臣への諮問機関として気候変動に関する有識者会合を立ち上げました。国内外の気候変動対策や再生可能エネルギーの政策シンクタンク、ＥＳＧ（環境・社会・ガバナンス）投資に詳しい金融機関のアナリスト、電力システム改革の専門家、原子力政策の専門家、そして、対策を実行する際に担い手となる大企業や中小企業の中から、すでに気候危機対策で先進的な取り組みを行っている企業の代表を選びました。

有識者会合は、全一二回の会合を開催し、国際機関やシンクタンク、日本を代表する自動車企業や流通小売事業者、電機、重工、商社、国立研究所、金融、再生可能エネルギー機器メーカーなどからヒアリングを行いました。

国際投資機関や各国の銀行は、気候危機対策の一環として、石炭火力など化石燃料への投資を止めるようになってきました。しかし、日本の気候変動対策が旧態依然としたものにとどまり、各国とかけ離れつつあることを懸念した日本の産業界から声が上がり始めました。最終的に有識者会合から、エネルギーに関する政策提言として「気候変動対策で世界を先導する新しいエネルギー外交の推進を」(二〇一八年二月十九日)、そして気候変動に関する政策提言として「脱炭素国家・日本を目指し、気候変動対策を日本外交の主軸に」(二〇一八年四月十九日)の二つの提言が提出されました。

有識者会合でのヒアリングや提言は、外務省のウェブサイトでも見ることができます(https://www.mofa.go.jp/mofaj/ic/ch/page4_003622.html)。

提言が出されてから三年が経ちましたが、加速度的に進む気候変動の影響やグレタ・トゥーンベリさんの登場等によって気候危機に多くの関心が集まっている現在でも、なお新しい提言となっています。

再生可能エネルギーと安全保障

再生可能エネルギーの導入は、安全保障という観点からも重要です。再生可能エネルギーは国産エネルギーであり、自衛隊が輸入エネルギーに頼らなくなれば、我が国の安全保障に大きく貢献することができます。私が防衛大臣であったときに、全国各地の自衛隊の駐屯地や基地等で、再生可能エネルギーを三〇％含んだ電力の入札から始めました。

その結果、一五一施設で、再生可能エネルギーによる電力量は九一〇〇万ｋＷｈとなりました。防衛省全体の予定電力使用量は一二億七〇〇〇万ｋＷｈですから、再生可能エネルギーによる予定電力使用量は、防衛省の総予定電力使用量の約七％です。再生可能エネルギー三〇％の電力を導入した施設では、前年度の平均単価は一五・五円／ｋＷｈに対して、平均単価一五・三円／ｋＷｈと、前年よりも安く調達することができました。

防衛省・自衛隊全体で電力使用量が第二位の防衛医科大学校、第八位の浜松基地などでも、再生可能エネルギー三〇％の電力調達ができました。特に浜松基地では、浜松市や地域の企業が出資する浜松新電力という再生可能エネルギーを供給する地域電力会社から調達が実現しました。自衛隊の調達する電力の料金が、基地のある地域の企業に支払われ、その地域でお金が回るようになるというのも、自衛隊の地域貢献の一つになっていくはずです。

その後、防衛省・自衛隊は、二〇二一年度には五一九施設で再生可能エネルギー三〇％以上の電力を調達することができました。飛行機や艦艇、戦車などの装備品も、いずれ将来、石油燃料ではなくバイオ燃料で動かせるようにする努力が必要です。

規制改革

エネルギー転換には規制改革も重要です。

二〇二〇年に、菅総理が二〇五〇年までにカーボンニュートラル（温室効果ガスの排出を全体としてゼロにすること）を達成するという大きな方針を掲げました。そのためには骨太の方針にも明記したように、再生可能エネルギーの最大限の導入を目指し、「再生可能エネルギー最優先の原則」で取り組む必要があります。

また、アップルやフェイスブックなどのＩＴ企業やイケアやポルシェといった世界的企業が、次々と自らのグローバルサプライチェーンに対して、再生可能エネルギー一〇〇％の導入を求め始めました。日本の各種産業も、再生可能エネルギーの調達を大幅に拡大しなければ、日本国内で製造工場を維持できなくなってしまいます。産業界から、日本国内における再生可能エネルギーの供給量を速やかに拡大するとともに、調達コストを大幅に低下させ、さらに国際的に通用する再生可能エネルギー証書の発行を求められました。

そこで規制改革を担当する私の直轄チームの中に、エネルギー分野の規制改革を進めるためのエネルギー班を立ち上げました。

再生可能エネルギーの導入に関する立地の制約を解消するために、荒廃農地の非農地判断や保安林の解除を迅速に行えるようにしたり、営農型発電設備の導入に関する要件緩和等を実現したりするとともに、国立・国定公園内における地熱発電の開発に関しても、「原則としては認めない」という考え方を転換させ、地熱開発の加速化に貢献していくこととしました。また、再生可能エネルギーの導入を妨げてきたさまざまな系統や送電線利用のルールに関しても、種々の規制改革を進めることとなりました。

また、電力システムの改革や再生可能エネルギー証書の発行、電源表示の義務化や放射性廃棄物に関する明確な表示、電源トラッキングの導入など、市場あるいは市場の未整備による制約からも解放されるような規制改革も進めることになりました。

太陽電池発電設備に関しては、技術基準の明確化、電気主任技術者の兼任要件の見直しが進み、バイオマスボイラーの伝熱面積要件、風力発電のための風況観測塔の建築基準法上の要件なども撤廃、緩和することになりました。

カーボンニュートラルの実現に向けては、再生可能エネルギーの導入と併せて、住宅や建築物における省エネの推進も重要です。省エネルギー基準をすべての住宅や建築物において義務化し、ゼロエネルギー住宅、ゼロエネルギービルの普及拡大に向けて所要の検討を始めました。

エネルギーの地産地消と地域経済

再生可能エネルギーは、基本的に地域分散型の資源であり、それを効果的に開発するためには、地域の役割が重要です。再生可能エネルギーを自然環境や景観にも配慮しつつ持続可能な形で利用するためには、自治体の役割が欠かせません。地域や企業が地域住民と対話しながら資源の活用を図る必要があります。

また、省エネルギーを進めるためには、地域ごとに消費行動を詳細に分析し、消費者に適切な動機を与えることが必要です。これにも地域の事情に精通した調整が不可欠です。地域に根ざした再生可能エネルギー資源の開発や省エネサービスの提供が進めば、地域内経済総生産の五~二〇%が流出しているとされるエネルギー料金が地域の経済循環の中に残ることになり、地域経済の活性化の有力な手段になります。今、世界の多くの地域で、エネルギーの地産地消が現実のものとなり、地域の中で資金の循環が始まっています。

このエネルギー地産地消は、国全体でもよい効果をもたらしてくれます。日本では、化石燃料やウラン燃料にかかっている大手電力会社の燃料費は四兆二七〇〇億円です（二〇一八年度）。太陽光発電をはじめとするほとんどの再生可能エネルギーでは、これらの国富が流出することはありません。

日本発の再生可能エネルギー技術や省エネ技術を発展させることができれば、それを海外に出すことで資金を獲得することができます。化石燃料が主流だった二十世紀にはエネルギーは出超項目でしたが、再生可能エネルギーでエネルギーを入超項目にできる可能性があります。

核燃料サイクル

日本のエネルギーを語る上で避けて通れないのが、「核燃料サイクル」の問題です。天然ウランを濃縮、加工して燃料を作り、これを原子炉で燃やしてエネルギーを取り出すのが原子力発電です。地下資源に恵まれない我が国は、ウランも石油も海外からの輸入に頼らなければなりません。そこで日本は、限られたウラン資源を最大限活用するために、「核燃料サイクル」と呼ばれる原子力政策を採ろうとしたのです（図1）。

原子炉でウランを燃やしたときに出る使用済み核燃料を再処理すると、プルトニウムを取り

図1　核燃料サイクルとは何か

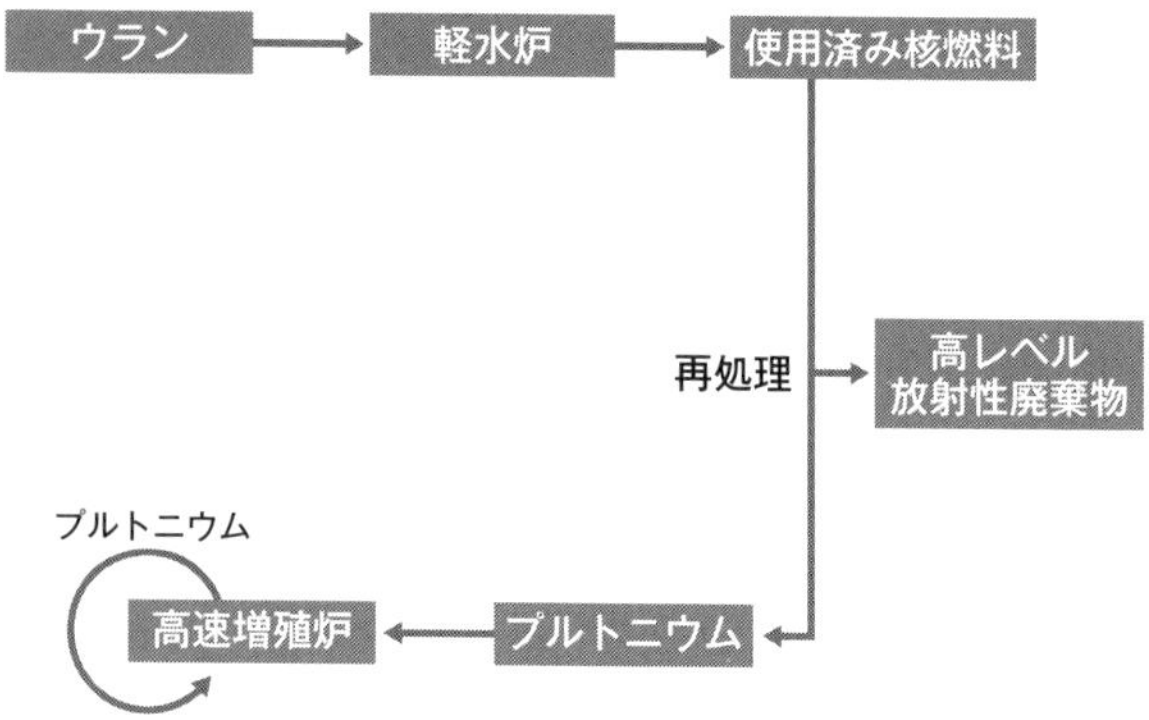

出せます。このプルトニウムを高速増殖炉という特別な原子炉に入れて燃やすと、理論的には発電しながらプルトニウムを増やしていくことができます。プルトニウムを増殖させながら発電する高速増殖炉は、夢の技術でした。石油やウランといった地下資源がない日本も、この技術が完成すれば二千年近く、電力のことを心配する必要がなくなるはずでした。

高速増殖炉の研究は、かつては欧米各国もこぞって行っていました。しかし、技術的な問題や経済合理性から、諸外国は続々と高速増殖炉の開発から撤退し、核燃料サイクルの実現を目指す日本だけが残ったのです。

一九六七年に国の原子力委員会は、「高速増殖炉をわが国において自主的に開発することと

図2　核燃料サイクルの問題

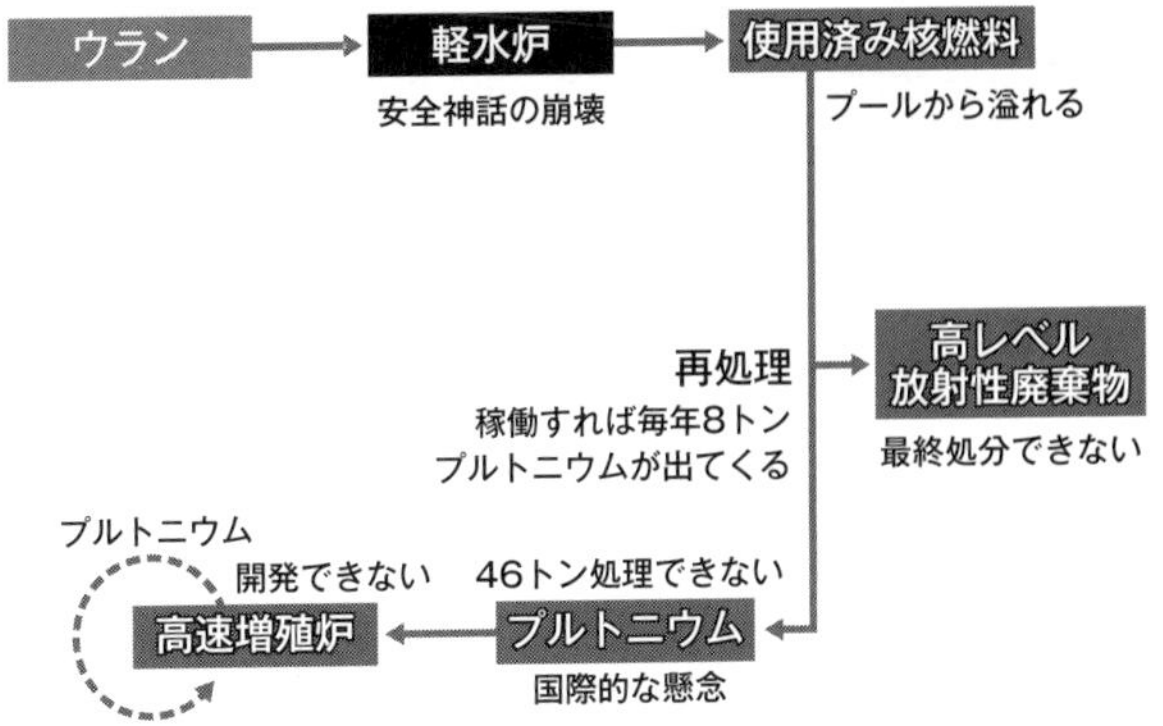

し、これを『国のプロジェクト』として、強力に推進することとする」という基本方針を打ち出しましたが、高速増殖炉の開発は遅れ続けました。そして一九九五年末に、高速増殖炉の原型炉である「もんじゅ」がナトリウム漏洩火災という大事故を起こします。「もんじゅ」はその後十五年以上にわたり停止し、二〇一六年十二月の関係閣僚会議で「(もんじゅは)原子炉としての運転再開はせず、今後、廃止措置に移行する」ことが決定され、高速増殖炉の開発は幕を下ろしました(図2)。

　今後の原子力政策を考える上で何よりも重要なのは、これまでの政策を信じて一生懸命、国策に協力をしてきてくれた六ケ所村をはじめとする立地自治体への支援です。一つの政策の終焉が、そうした地域の新しい発展の始まりとなるように、国は最大限の配慮をする必要があります。

高速炉開発の行方

もんじゅの廃止決定の後、その後の十年程度の開発作業を特定する「戦略ロードマップ」を策定するための議論が始まりました。

二〇一八年十二月に、今後の高速炉開発の進め方を議題に官邸で開催された第九回原子力関係閣僚会議で、外務大臣として私はこう発言しました。

「今回のロードマップを国際社会に対して説明していく立場から三点申し上げます。第一に、今回のロードマップの趣旨は、決して将来の高速炉の実用化等を予断することなく、当面一〇年程度は研究開発に徹するものだと理解します。第二に、将来の実証化や実用化の判断に当たっては、しっかりとあらゆる側面から実現可能性を検討すること。すなわち、このロードマップに記載のとおり、再生可能エネルギーの導入状況等の社会環境の変化を踏まえつつ、高速炉開発及び高速炉に付随するバックエンドへの対応、立地対策や規制対応、コスト評価を含め、あらゆる観点から実現可能性を検討の上、場合によっては今後の開発の在り方についてしっかりと見直しを行うこととなっています。特に使用済燃料の処分ができないから再処理を行うという本末転倒と言われるようなことにならないためです。最後に、プルトニウムは今後、削減する必要があります。いずれにしても、高速炉については、多額の税金を投入したもんじゅの反省を真摯に踏まえることが大前提です」

二〇一八年十二月に政府が決定した「戦略ロードマップ」では、「高速増殖炉」ではなく「高速炉」の研究ということになりました。そして「ウラン需給の現状等の政策環境・社会情勢を勘案すれば、高速炉の本格的利用が期待されるタイミングは二十一世紀後半のいずれかのタイミングとなる可能性がある」という記述にとどまり、「使用済燃料の直接処分など代替処分オプションに関する調査・研究を着実に推進する」と全量再処理からの撤退に向けた一歩も踏み出しました。

再び行政改革担当大臣として行った二〇二〇年の行政事業レビューでは、高速実験炉「常陽」を再稼働させる前に使用済み核燃料及びナトリウムの処理方法と保管場所について明確な計画を見出す必要がある、ということを明確にしました。また、この行政事業レビューをきっかけに、新型転換炉原型炉「ふげん」の使用済み核燃料の処理について、フランスのオラノ・サイクル社との再処理契約に関する費用やプルトニウムの取扱について、確認することができました。

再処理をめぐる重要な視点として、再処理イコール核の拡散という問題があります。再処理で取り出されたプルトニウムは、使用済み核燃料よりも持ち運びがしやすく、核拡散の危険性を飛躍的に高めてしまいます。

現在、核兵器を保有していない国の中で再処理を認められているのは、日米間で合意した日本だけです。しかし韓国が、日本が再処理をするならば韓国もと「原子力主権」を訴え、米韓原子力協定の改定に合わせて再処理を始めたい、とアメリカに申し入れをしています。もし韓国が再処理を始めれば、一度は核実験まで行った南アフリカも再処理に手を挙げており、歯止めがなくなります。そうなれば、プルトニウムの拡散は避けられず、核不拡散体制は一気に崩壊します。

原子力発電の最大の問題は、放射性廃棄物の処分です。なかでも、核燃料を燃やしたときに出てくる使用済み核燃料をどう取り扱うかは、大変大きな問題です。原子力発電を始めた以上は、脱原発をしても、この問題は残ります。

原子力発電所を運転する日本の電力会社は、イギリス、フランス両国に原子力発電所の使用済み核燃料の再処理を委託しています。英仏両国で抽出されたプルトニウムには保管料がかかるため、日本の電力会社は、この両国で保管されているプルトニウムをウランと混ぜたMOX燃料に加工して日本に持ってきています。

各電力会社が実施しようとしているプルサーマル（プルトニウムのリサイクル）用のMOX燃料は、すべて英仏両国にあるプルトニウムを利用して作られています。その結果、現在、我が国は、プルトニウムを国内に約九トン、英仏両国合計で約三七トン、合計して約四六トン保有しています。プリンストン大学のヒッペル教授によれば、これはアメリカの核弾頭に搭載されているプルトニウムの総量三八トンを凌ぐ量です。

すでにある余剰プルトニウム四六トンに加えて、六ケ所村の再処理施設が稼働すれば、毎年プルトニウムが八トン追加されてしまいます。これ以上、再処理をして余剰なプルトニウムを取り出す必要がないことは明らかだと思います。

言われなき批判

初入閣当時、「河野太郎は、入閣したらエネルギーのことは言わなくなった。けしからん」

などと批判し始めた「有識者」がいました。そういう人たちほど、実際の議論や政策には関心がないのでしょう。

与党議員ではできないことも、閣僚として権限を持てれば実現することができます。もちろん、その代償として発言の自由はなくなりますが、権限があるということは、やる気になればさまざまなことを実現することができます。

第六章

国民にわかる社会保障

高齢化と少子化が進む日本にとって、持続可能な社会保障は極めて大切な政策課題です。社会保障に関しては、その財政面がよく議論されますが、むしろ社会保障は一人ひとりの命や日々の生活に直結する問題であること、特に医療や介護については、担い手が現実に存在することを忘れてはなりません。

ライト（適切な）アクセス

日本の医療の特徴は、患者が自由に医療機関を選択することができるフリーアクセスにある、とよく言われます。しかし、フリーアクセスだけでは本来の医療の力を発揮できません。フリーアクセスに加えてさらにライトアクセス、つまり適切な医療機関へのアクセスを保障することが必要なのです。

たとえば家族ががんだと告知されたならば、不安を抱えつつ、口コミやマスコミ情報に頼りながら、医療機関探しに苦労するというのが今日の実態ではないでしょうか。運よくいいお医者さんに巡り会えたという人と、そうではない人とがいてはなりません。すべての国民が、適切な医療にアクセスできる医療体制を構築しなければなりません。そのためにはどうしたらよいのでしょうか。

まず事故や脳血管障害、心筋梗塞など、一分一秒を争う場合があります。救命救急や脳、心臓の専門家がいつでも救急の患者に対応できる救急病院が、地域ごとにきちんと整備されている必要があります。救急病院への短時間のアクセスを可能にするための整備は最優先課題です。しかし同時に、この救急病院に一分一秒を争わない患者が来てしまうことも避けなければなりません。

そこで、地域で住民の健康管理に責任を持つ「総合診療医」という制度を確立する必要があります。総合診療医は、受け持つ住民の健康の維持、管理に責任を持つと同時に、具合が悪くなった人が最初に訪れる医療の窓口でもあります。熱を出した子どもを親が連れて行き、具合が悪くなった高齢者も総合診療医に様子を診てもらえるようになります。ただの風邪ならば「暖かくして早く寝なさい」というアドバイスをし、「一見、風邪のようだけれど、これは何かある」と判断すれば、患者は適切な初期治療を受け、必要があれば専門病院を紹介されて、そこで治療を受けることになります。

患者はまず、ふだんから自分の健康に責任を持ってくれる総合診療医に診断してもらうことで、無駄に大きな病院を訪れる必要がなくなります。また、病院も風邪や軽症の患者の診察から解放され、そこでなければできない診療に集中できるようになります。病院での診察が真に必要な患者からすれば、病院での待ち時間が削減されますし、何より、医師としっかり話し合うことができる、質の高い診察時間を増やすこともできるようになります。

平均寿命が延びるにしたがい、がんにかかる人の数も増えていきます。がんには十分な治療計画が必要になりますが、その治療に一分一秒を争う病気ではありません。ですから、市町村ごとにがんの手術をする病院を設置する必要はありません。手術の技術レベルは、手術の件数に比例します。がんの手術をする病院をたくさんつくってしまうと、一つの病院当たりの手術数が少なくなり、手術の技術が向上しません。したがって、がんなどの手術をする病院は、ある程度大きな地域ごとに一つ、拠点病院として設置して、そこに手術が必要な患者を集めるべきなのです。

そして手術が終わったがん患者に抗がん剤を投与したり、定期的に腫瘍マーカーの検査を行ったりするのは、患者が通いやすい、地域ごとの総合診療医の役割になります。

生活習慣病が増えた日本では、糖尿病や高血圧などを、今以上に進行させないように管理していくことが重要になります。総合診療医だけでなく、こうした病気の「管理」に知見を持った疾病管理《しっぺいかんり》看護師などを育成し、病気の管理を地域でしっかりできるようにすることが大切です。

多くの医療データに基づいて作成された疾病管理のガイドラインに沿って適切な管理を行い、疾病の再発や重症化を防ぐことができれば、医療の質と患者の満足度を共に向上させることができます。それだけでなく、不必要な入院や薬の使用を防ぐことによって、無駄な医療費も削減できます。

積極的な医療コスト削減を

医療費について、本来、行われるべきものなのに、なかなか進んでいないものがあります。それは、レセプト（診療報酬明細書）データを活用して、医療費を削減するということです。

現実に起きたケースを例に取ると、ある組合員六〇〇〇人の健保組合では、そのうち一六人が虚血性心疾患にかかり、その健保組合の入院医療費の三二％を使いました。そして、そのうち三人の入院医療費で、その健保組合の入院医療費の一六％を使いました。つまり全体の〇・二六％の組合員が、その組合の入院医療費の三二％を使い、〇・〇五％の組合員が入院医療費の一六％を使ったことになります。

過去のレセプトから集めたデータを調べると、こうした高額の医療費を使う病気にかかりやすい属性を特定することができます。たとえば一部上場の歴史のある製造業では、四十五歳以上の男性の割合が多く、虚血性心疾患による医療費が大きくなりやすいことがわかっています。それを理解した健保組合では、過去の健診、問診データから、五十歳以上、男性、軽度の糖尿病、悪玉コレステロールの値が一定値より高いなどという虚血性心疾患になりやすい特徴を持つ社員を特定し、早めに健康管理を行うことで、虚血性心疾患の発症を抑え、医療費を下げることに成功しています。

東京大学によるレセプトデータの解析研究で、日本の抗菌薬の半分以上が本来、不必要な処方であり、抗菌薬が必要な場合でも七割が不適切な処方であった、という結果が出ています。データによる解析を進めることにより、医療費の適正化が進むと同時に、レセプトの審査にAIを導入することにより、審査コストの低減と時間の短縮を進めることができます。保険者がこうした管理方法を導入し、きちんと病気のリスクを把握して予防を進めれば、加入者の医療費を下げ、加入者の保険料を抑えることができるはずです。

社会保障制度の議論を取り戻そう

社会保障制度が大きな問題だという認識は、広く国民に共有されています。また、社会保障制度全体の抜本改革が必要だという問題意識もやはり共有されています。

たとえば、大手新聞各紙が二〇一九年の参議院選挙前後に行った世論調査でも、「内閣が優先すべき課題や政策は」という問いに対して、どの調査でもトップは社会保障でした。参議院選挙前の『読売新聞』の調査では「年金などの社会保障」が四一％、参議院選挙の結果を受けて行われた『朝日新聞』の調査では「年金などの社会保障」が三八％でそれぞれ第一位でした。それなのに、政治の場では、なかなか抜本改革の議論が始まりません。年金記録問題ではあれだけ連日、報道したマスコミも、年金制度の抜本改革の議論にはなかなか食いつきません。

しかし、人口が減少し、高齢化が進む日本では、社会保障制度の抜本改革が遅れれば遅れるほど、後の世代につけが回されることになります。また、貴重な地域の医療や介護を担う人材も疲弊するばかりです。今こそ国民一人ひとりが、政治に社会保障制度の抜本改革の議論を求めると同時に、その議論に加わらなければなりません。

そのためには、国民一人ひとりが理解できるような、わかりやすい議論をしなければなりません。

たとえば厚労省が、各健康保険制度から介護保険に投入している介護納付金制度の負担金の計算方法を「加入者数に応じた負担」から「報酬額に比例した負担」に変更しようという議論をしていたとき、なぜこんな変更が必要なのか、国会議員でさえ何人が理解していたでしょうか。ましてや、大多数の国民に理解してもらえたでしょうか。

この改正の意味は、それによって社員の給与水準の高い大企業の健保組合の負担を増やし、協会けんぽなどの負担を減らそうというものです。総報酬割りが全面的に導入されると、給与水準の高い組合健保の負担が増えるので、協会けんぽの負担が軽減され、協会けんぽの財政が好転します。その結果、一五〇〇億円あった協会けんぽへの国庫補助が要らなくなる、というのがこの改正の狙いでした。

社会保障制度の改革にあたっては、税と保険料の違いをしっかりと整理し、明確にする必要があります。医療では、よく税を「公助」、保険料を「共助」、窓口負担を「自助」と呼んだりしますが、保険料と税のそれぞれの使い道が明確でないままにこんな区別をしても、ほとんど意味がありません。

二〇一八年度の健保組合全体の保険料収入は、八兆一〇一〇億円でした。しかし、そのうち保険給付に充てられたのは五一％、四兆二三二九億円にすぎません。保険料収入の四二％、三兆四九二五億円は、後期高齢者支援金や前期高齢者納付金などへの拠出金として支出されています。後期高齢者医療制度を維持するために、それだけ組合健保から拠出をさせているわけです。

保険料の意味とはいったい何なのでしょうか。保険料といいながら、その一部が、自分が加入してもいない制度の財政を守るために使われています。保険料をこのように使っていては、保険料と税の違いがどんどん曖昧になってしまいます。「保険料」と「税」は、言葉は違いますが、両者の実質的な違いはいったい何なのでしょうか。ただでさえわかりにくい社会保障の制度が、さらにわかりにくくなっています。

医療保険制度は、健保組合、協会けんぽ、共済組合などの被用者保険と、自営業者やパート、アルバイト、退職した高齢者などが加入する国民健康保険、七十五歳以上の高齢者が加入する後期高齢者医療制度などの制度が並立しています。それぞれの制度ごとに、被保険者から保険料を徴収して給付に充てることになっていますが、大企業の健保組合と後期高齢者医療制度では、被保険者の収入や年齢構成がまったく異なり、財政力に大きな差があります。そのために、各制度が保険料として集めた資金の中から他の制度を支援するための拠出金があるのです。

また、それぞれの制度には、国と地方からの税金が投入され、保険料負担を引き下げています。たとえば後期高齢者医療制度や市町村国保では給付費のおよそ五〇%、協会けんぽでは給付費の一六・四％といった割合で税金が投入されています。そして、これが医療費のコストを国民に見えにくくしています。

所得再分配は税金で行い、保険料は給付という対価として戻ってくるという原則をまず打ち立てて、社会保障制度をそれに基づいて再構築することが必要です。つまり、医療や年金などの保険料を利用して富の再分配を行うことをやめなければなりません。再分配は、税を原資として行うべきです。もちろん保険料負担額は、個人の収入に応じて決まるものもあるので、その範囲では所得再分配機能があります。しかし、保険料を制度間の財政調整などに流用することは廃止するべきです。これだけでも社会保障の制度がすっきりとわかりやすくなり、国民一人ひとりが、社会保障のどの制度のためにいくら負担をしているか、明確にわかるようになります。

こうした原則のもと、介護保険制度や後期高齢者医療制度に対する制度間の拠出金制度は廃止し、国民に医療コストをしっかりと理解してもらうために、まず介護保険や後期高齢者医療制度の保険料を制度の維持に必要な金額まで引き上げます。もちろん、そうすると保険料を負担できない世帯が出てくるので、そうした世帯に対しては、税を投入して直接支援します。

社会保障改革の第一歩は、所得に応じた明確な保険料の負担ルールを決めること。そして負担軽減策などは、個別の社会保障制度ごとには行わず、税を使って世帯に直接支援することを大原則とすべきです。

こうすることによって、税と保険料の違いがはっきりします。保険料はあくまで自分のため、つまり一定の年齢になれば年金が支給され、病院に行けば自己負担分だけで診療を受けることができる、という制度の原資として負担することになります。

医療保険制度の職種間格差の見直しを

現在の医療保険は、大企業の組合健保、中小企業の協会けんぽ、自営業の国保、公務員の共済、そして七十五歳以上の後期高齢者医療制度などいくつかの制度が混在しています。その中で、国保の保険料負担の格差が著しくなりました。

そもそも国保（国民健康保険）は、自営業者と農林漁業者のための制度であったはずが、今や非正規雇用者と年金受給者のための制度に変質してしまいました。企業勤めの間は健保組合や協会けんぽに加入していた人も、定年退職すると健保組合や協会けんぽを抜けて、国保に加入することになります。健保組合や協会けんぽには、比較的健康な現役世代だけが加入することになるのと比べ、国保の加入者は高齢者の割合が高くなります。現役世代と比べて高齢者の医療費が高くなるのは当然で、その結果、国保は医療費の負担が大きくなります。そのため、国保に加入している現役世代にとっての保険料負担は重くなり、保険料の滞納も深刻です。

健保は、職場を一つの単位として、そこで働く者がお互いに支え合っていくためにつくられたものです。しかし今日、一つの企業の中でも、同じ職場で、健保に加入している社員もいれば、国保に加入しているパートやアルバイトもいるというように、医療保険のあり方が混在し、職域での共助といった健保本来の目的も果たせていません。職場が一つの単位とは呼べなくなり、サラリーマンの終身雇用も崩れつつあります。サラリーマンが自営業になり、その逆も頻繁に起こる時代です。職業ごとに医療保険を分ける必要もなくなりました。

将来的には、医療保険は、これまでのような地域単位（国保）と職域単位（健保組合など）に分けた連帯のあり方を根本から見直し、健保、国保、共済、後期高齢者などといった職業別、年齢別の制度をやめて一本化するべきです。

今後の医療保険は、国民共通の医療保険制度をつくり、全国民を対象にして運営するというやり方も考えられます。あるいは医療コストを削減しようというインセンティブを与えるならば、一つの制度の下、職業ではなく地域別に、被保険者数百万人ごとに保険者をつくり、保険者ごとに医療コストに応じた保険料を決めていくという方法もあります。

そして、職業や年齢を問わず、同じ地域に住み、同じ所得ならば同じ保険料を負担する仕組みにすべきです。もはや高齢者だから弱者である、という時代ではありません。年齢や職業といった属性とは無関係に、個人の収入に応じて保険料を納付してもらうべきです。そして、地域ぐるみで健康を維持し、病気にならない努力を続けて医療費を削減した地域は、保険料を安く維持できるようにしなければなりません。

年齢と医療コストには相関関係があります。地域によって高齢化比率に差がありますから、高齢者の多いところには負担調整を行います。こうすれば、保険者によるデータに基づいた医療コストの削減などの取り組みを後押しすることにもなります。

総合診療医の医療水準を高く維持していくことも、保険者の役割になります。保険者は、治療や薬の使用が明記されたレセプトをきちんと管理し、それぞれの総合診療医が適切な医療行為をできているかを検証し、また、最新の医療知識を身につけるための講習会を総合診療医にきちんと受けさせなければなりません。

年金や生活保護が生活のための資金を保障するものであるならば、医療保険は生活のための健康を保障するものなのです。

新しい年金制度

人口が減少し、高齢化が進むこれからの日本に必要な年金制度とは「老後の生活を支える年金の財源を、自分自身が現役のうちに積み立てる、自分の世代で完結する積立方式の年金制度」です。この積立方式ならば、前後の世代に負担をかけず、高齢化や人口減少の影響を受けることもありません。

これからのあるべき年金制度は、三階建てになるでしょう。

年金の一階部分は、老後の最低限の生活を保証するためのもので、消費税を財源として、年金受給年齢に達したすべての日本人に支給されます。ただし、所得制限があり、一定以上の所得、資産のある高齢者には支給されません。

二階部分は、現役時代の生活水準を老後も維持するために、自分が現役のうちに積み立てる金額に比例して支給される積立方式の公的年金です。具体的には、現役時代に国民一人ひとりが自分の公的年金口座に毎月、保険料を積み立てます。そして引退時の積立金とその金利の合計額を、引退した年齢の平均余命で割り、その金額を毎年の年金額として政府が保証する年金制度です。保険料の積立金は、一定のルールの中で国民一人ひとりが自分で運用の選択をします。亡くなった時点で年金支給は停止され、積立金の残額は相続できません。

そして三階部分は、個人が必要に応じて加入する民間の私的年金です。

現在の年金制度に対する不信感から「公的年金は廃止すべきだ」という声も聞かれますが、公的年金を廃止することはできません。なぜなら、若い世代は年金の必要性に関する切迫感がないので、私的年金のみにすると将来、無年金者が増加してしまうからです。その結果、税金による生活保護が急増し、財政を圧迫していくことになります。

また、民間の保険会社による私的年金は、年金の支払期間があらかじめ決まっています。自分が何歳まで生きるかわからない長生きのリスクに、民間の年金保険だけで対応することは難しいと言わざるを得ません。長生きのリスクをすべてカバーするためには、平均余命に基づいて、早く亡くなった人の年金財産を相続させずに、長生きした人に分配する必要があります。そして、それができるのは政府だけです。

どの程度の年金水準を維持するべきかという議論はありますが、公的年金をやめてしまうという議論は乱暴です。ただし、公的年金制度を続けるためには、これまでの年金制度に対する不信をきちんとぬぐい去ることができるような抜本改革が必要です。そして年金制度が信頼されるには、自分が将来、年金をいくらもらうことができるのかがはっきりわかる制度でなければばなりません。また、年金がどんどん切り下げられていく可能性のある制度では誰も信頼してくれません。つまり現行制度の手直しでは、年金に対する信頼を勝ち得ることはできないのです。

年金制度は、超長期にわたって維持されていかなければなりません。政権が交代するたびに年金制度を作り直します、というわけにはいきません。年金制度を抜本的に改正するためには、政府・与党だけでなく、与野党がしっかり協議した案を国民に示し、国民投票で決定するようなプロセスが必要です。

第七章

必要とされる教育を

教育が目指すべきもの

教育を考えるときに、まず最優先しなければならないことは、親の所得格差が子どもの受ける教育の格差につながってはいけないということ、そしてまた、住んでいる地域や障碍《しょうがい》の有無によっても、子どもが受ける教育に差が出てはいけないということです。

日本のGDPに対する公的教育支出の割合は二・九三%と、OECD加盟国の平均を大きく下回ります。しかし、私的な教育支出の割合は一・一四%と、OECDの中でもかなり高いほうになります。

公立の小中学校、高校ならばさほど教育にお金はかかりません。しかし、将来よい大学に入るために、「お受験」をして私立の小学校や中学校の入学を目指す、早くから塾に通って受験勉強をしてよい私立の高校に入る、あるいはせっせと予備校に通って大学を受験する、となると、私的な教育支出が大きくならざるを得ません。それでは親の所得格差が子どもの教育格差につながってしまいます。

大学の授業料などをまずは国が支援し、言わば「出世払い」で、大学卒業後の所得に応じて一定の金額を納付してもらう「卒業後所得連動型拠出金制度」を導入し、希望するすべての学生を支援の対象とすべきです。

明治以来、日本では、どんなに貧しい家庭に育っても、能力があれば進学することができたはずです。経済格差が世代を超えて受け継がれることがないようにするためには、公立学校の教育水準を上げなければなりません。

初等教育、中等教育では、子どもたちが教えられたこと、伝えられたことを鵜呑みにするのではなく、「本当にそうだろうか」と考えられる客観的な思考ができるようになることが大切です（英語で言うクリティカルシンキングは、よく「批判的思考」と訳されますが、何か否定的な態度を取ることを奨励しているかのような訳なので、「客観的な思考」と言うほうが良いと思います）。

また同時に、社会の一員としての「責任ある市民になる」とはどういうことなのか、「正しい」というのはどういうことなのかを自ら考えられるように育てることが必要です。しかし、「これが正しいことなのだ」と一つの価値観を植え付けるような教育を学校で行うことは問題です。

これまでの教育改革の議論を振り返ると、データに基づいた研究をベースにした議論というよりも、自分や自分の子どもの経験から思いついた意見をただ述べ合っただけという印象があります。誰もが教育を受けた経験があり、また、自分の子どもに教育を受けさせてきた経験もありますから、そうした経験に基づいて「教育とはかくあるべし」という議論は誰でもすることができます。その結果、狙いもはっきりせず、効果の検証もできないような提案がさまざまに行われてきたように思います。きちんとしたデータに基づいて、効果を測定しながらの政策議論が必要なのではないでしょうか。

英語教育の必要性

さまざまな科目の中で、近年特にその重要性を増していながら、対応が遅れているものが英語です。日本で大学まで卒業すれば、中学、高校、大学と最低、十年間は英語を勉強しているはずです。しかし、大卒者の中のかなりの人数の英語が使いものにならない現状を見ると、日本の英語教育は抜本的に改めなければなりません。二〇一七年のTOEFLの国別スコアを見ると、日本は七一点。これは、インドネシアの八五点、韓国の八三点、アルバニアの八一点、タイの七八点、ソマリアの七五点、カンボジアの七二点などを下回り、アジアではアフガニスタンと同じ点数です。

国際化が進み、政治、経済、文化、観光をはじめ、あらゆる分野、あらゆる場面で英語が必要となる時代になりました。英語でコミュニケーションを取るということは、もはや特別なことではありません。自動車を運転したり、パソコンを使ったりすることと同じなのです。

英語は、自分の考えを異文化の他人に伝え、他人の考えを理解する道具の一つにすぎませんが、今日の世界では、自分の可能性を広げる上で欠かせないものになっています。しかし残念ながら、帰国子女を除いて、ほとんどの日本の高校卒業生が必要なレベルの英語を身につけることができていません。

数学ができない数学の先生や歴史を知らない歴史の先生はいないのに、英語ができない英語の先生は依然として数多くいます。英語ができない英語の先生に英語を習った生徒は、英語ができるようになりません。英語の先生にかけている人件費と生徒の時間が無駄になっています。

小学校に英語教育が導入されていますが、小学校の先生もほとんどが英語の教え方を教育されていませんし、英語を話すことすらできないでしょうから、このままでは日本の英語教育がうまくいくとは思えません。英語のできない英語の先生を生み出したり、英語のできない先生に英語を教えさせたりするのではなく、英語を学ぶためのソフトウェアを活用したり、オンラインで英語を話し、英語を教えることができる先生から学べるようにしたりするべきです。JETプログラム（外国語青年招致事業）を拡充し、英語のネイティブスピーカーと日常的に話ができる環境をつくることも大切です。

「英語を早くから教えるよりも、美しい日本語を話せるようにすることが大切だ」と主張する人もいますが、私は賛成できません。「数学を勉強するよりも、美しい日本語を話すほうが大切だ」とか「身体を鍛えることよりも、美しい日本語を話すほうが大切だ」とは誰も言わないのに、なぜ英語だけ、美しい国語と比べられるのでしょうか。

日本の英語教育をしっかりと見直し、義務教育を卒業したら英語である程度のコミュニケーションができるようにするべきですし、大学を卒業したら、英語できちんと議論できるようにするべきです。

小泉政権時代、米軍基地があることをデメリットではなくメリットにしよう、ということから、米軍基地のあるすべての自治体に、英語で教える国立の小学校を設立しようという検討が行われました。アメリカ政府や米軍関係者の協力も受けて、アメリカなどから教師を招き、希望があればその自治体に住む子どもは誰でも、その英語で教える学校で米軍関係者の子どもと一緒に授業を受け、将来、その自治体から多くの子どもたちがハーバード大学やオックスフォード大学に進学するようになるはずでした。もし実現していたら、我が国の英語教育は変わっていたでしょう。

日本の教育そのものを複線化してしまうことも必要です。これまでにも世界各国の大学や高校が日本キャンパスの設置を検討してきましたが、税の優遇が受けられず実現しませんでした。設置を諦めた各国の教育機関は、シンガポールやドーハ、アブダビなどにキャンパスを開き、世界中から優秀な人材を集めています。海外の教育機関の日本キャンパスが設置されれば、東大、京大、慶應、早稲田等々だけではない選択肢、価値観が生まれます。自ら英語をはじめ外国語を学ぼうという動機付けにもなるでしょう。日本人学生だけでなく、アジアの中流階級の子弟も留学しやすくなり、アジアの人材を集めることにもつながります。

熱意ある高校生や大学生の留学を支援する仕組みも必要です。英語圏だけでなく、途上国に飛び込んでいくようなプログラムも必要です。やる気のある若者のために、公立高校でも第二外国語を選択できるようにしてはどうでしょうか。ヨーロッパの言語だけでなく、韓国語、中国語、マレー・インドネシア語などのアジアの言語は、需要もあり、視野を広げていくことにもつながります。こうした言語も、ソフトウェアやオンラインでしっかりと学ぶことができます。

これから二〇三〇年に向けて、中国やインド、あるいはASEANの国々は、日本よりも高い成長率を維持していくでしょう。それだけ高い成長をする市場なら、おもしろい仕事もたくさん生まれることでしょう。

たしかに外国で仕事をするのは大変です。しかし今、やる気のある日本の若者は、一度は外国に出て行くべきです。日本のローカルルールの下ではなく、グローバルな環境で仕事をするとはどういうことか、肌で覚えてくるべきです。そして十年後、あるいは二十年後に、世界でも勝てるようになって戻ってきてくれれば、日本は変わることでしょう。今ほど「少年少女よ、大志を抱け」という言葉が重みを持つ時代はありません。

学び直し

かつて日本企業、特に大企業は、終身雇用を前提としたＯＪＴ（オン・ザ・ジョブ・トレーニング、職場での実践から業務を学ぶ育成）を重視していました。しかし、非正規雇用が増え、雇用が流動化し、技術革新により製造業の企業グループによる垂直統合が崩れつつある中で、企業による教育訓練への投資は減少しつつあります。ＩＴやＡＩ、プログラミングなどの技術革新のペースが速くなると、技術者も、常に最新の知識を身につけるために教育を受ける必要が出てきます。雇用の中で、あるいは雇用の変わり目で、学び直す機会があることが重要になってきました。

ＯＥＣＤの加盟国と比べて、日本は全学生に占める社会人の割合が非常に低くなっています。先進国の多くでは、大学生の二割が社会人ですが、日本では、大学の新入生に占める社会人の割合はわずか二％にすぎません。社会に出た後も、大学をはじめさまざまな場で教育や訓練を受けられるシステムをつくることが必要です。いつでも大学に入れて学べるようにすれば、親の所得などの理由で高校を卒業したときに大学進学を諦めても、やり直しをすることができます。

アメリカは第二次大戦後、復員兵援護法を制定し、復員兵の大学進学を後押ししました。同じように日本でも、高校を卒業して任期制自衛官になった若者を、任期終了後に即応予備自衛官に任官することを条件に、大学の授業料と一定の生活費を支援することが考えられます。若い自衛官の任期後の選択肢が増え、若い精強な即応予備自衛官の確保にもつながります。夏休みがありますから、授業に影響なく即応予備自衛官としての訓練も受けられます。大学卒業後、今度は幹部として自衛隊に戻ってくることもできます。

また、高専をはじめ農業高校や工業高校、福祉系高校など職業教育を充実していくことも大切です。自分が学んでいることが社会に出て役立つ場面を思い浮かべやすいので、熱意を持って学べるでしょう。もちろん、こうした場も成人の学び直しに開かれていくことが必要です。

たとえば、これからさまざまな地域で再生可能エネルギーを展開していくためには、太陽光パネルや風力発電、小水力発電の設置や維持管理といった技術者が必要になります。介護や交通、公務員といった地域社会のインフラを支える人材の育成にもつながります。

コロナ禍の影響で、今後の転職や再就職を考えざるを得ない人が多くいます。いったん社会に出た後も、仕事をしながら、あるいは失業中に資格を取得したり、新たな職業訓練を受けたりすることを支援するために、「職業訓練切符（バウチャー）」を発行することは意味があります。

教育のオンライン化

二〇二一年度から、児童生徒に対して端末が一人一台、導入されることになりました。これを利用して、学校現場での創意工夫により、オンラインを活用した教育の新しい可能性が広がります。そのためには、オンラインの活用にあたって「これをやってはいけない」というような制約を設けないことが大切です。もちろん学校内で子どもたちにとっての安全安心が確保されることが大前提です。

たとえば、オンラインを活用した授業が行われる場合、一つのグループの生徒たちがオンデマンドの教材を使って学習をしている間に、先生が隣の部屋で、もう一つのグループの生徒たちを集中して教えることができます。あるいは、オンラインで英語を使って海外の人たちと交流し、英語でコミュニケーションできることを実感する授業や、専門家からプログラミングを直接学ぶ授業も可能になるでしょう。

教え方の上手な先生の授業をオンラインで全国に流すことで、担任の先生は教えることから解放され、担任する子どもたちの一人ひとりに寄り添いながら、それぞれが抱える悩みや直面する問題を乗り越える手助けをすることができるようになります。

不登校や病気療養中の子どもたちのように、学校で学びたくても学べない子どもたちがオンラインで授業を受けることによって、出席扱いとして学習の成果を評価に反映することもできるようになります。感染症や災害などの非常時には、校長の判断によりオンラインを活用した授業を「特例の授業」として位置づけることも可能になります。

オンラインを活用した教育は、先生がよりいっそう学生、児童生徒に寄り添うことを助け、よりよい教育を行うためのものです。

習熟度別の教育の充実

数学のような科目は、基礎からの積み重ねが必要です。途中で理解できなくなると、その後の授業は苦痛でしかありません。そのために、数学などは画一的にクラス全体で教えるのではなく、生徒の理解度に応じた少人数のクラス分けをする必要があります。

新学習指導要領になって、それぞれの科目の教科書が厚くなり、学ばなくてはならない分量も増えています。二〇二〇年度から小学校で使用される新しい教科書は、以前のものと比べてページ数が平均して一〇%増えています。英語の教科書を加えれば、一四%増です。

その中で学力格差を固定化させず、わからない子どもをすくい上げ、学力の高い子どもの意欲をさらに高めるためには、わかる子どもを先に進め、わからない子どもにはわかるまで丁寧に教えていけるように、習熟度に応じたクラス分けを小学校から始める必要があります。学校を超えて利用できるICTプログラムを作成し、習熟度の高い子どもには個別にさらに高い段階を学べるようにそのプログラムを利用させ、習熟度の低い子どもを細かくクラス分けして教師が教えていくといったことも考えられます。

政府のGIGAスクール（児童生徒向けの一人一台端末と大容量の通信ネットワークを学校に整

備する構想）の取り組みもあって、習熟度別の教育は、もっと進んでよいはずです。これまで取り組んだことのないことへの抵抗感もあるかもしれませんが、それこそ、エビデンスに基づいた効果をしっかりと検証しながら、子どもの発達により効果の高い方法を常に選択できる教育現場をつくっていかねばなりません。

子どもの貧困をなくす

二〇二〇年の秋の行政事業レビューで、子どもの貧困の問題を取り上げました。子どもの貧困とひとり親世帯、特に母子世帯の間には関連があります。子どもの貧困をなくすためには、母子世帯に対するサポートが必要です。女性の社会参加、労働参加が増えている中で、女性には非正規雇用が多く、男性と比べて多くの女性の所得が低いことが、母子世帯の低所得、子どもの貧困を生んでいます。子どもの貧困をなくすためには、正規、非正規の格差を是正していかなければなりません。

子ども時代の経済格差が教育格差を生み、将来の所得格差につながるという仮説の下で、日本財団が子どもの貧困の経済的影響に関する推計を行ったことがあります。子どもの貧困の状況を改善した場合、貧困を放置した場合に比べて、大卒者の増加や就業形態の改善によって生涯所得が増加し、所得増に伴う納税や社会保障費用の負担増により、国の財政が改善します。

親が朝早くから仕事に出かけ、夜遅くまで働かなければならない家庭では、栄養バランスどころかご飯を満足に食べられない子どもがいます。そんな子どもたちに手を差し伸べているのが、子ども食堂です。柔軟な運営が必要になるため、NPOや自治体などが主体となって行うべきですが、国もしっかりと支援していく必要があります。また、コロナ禍で学校が休みになり、給食のありがたさを感じた世帯も多いと思います。自治体が、子どもの貧困対策でもあり、食材の地産地消にもつながる形での給食費の無償化に取り組むならば、それを国として支援していくことも必要です。

私の地元である神奈川県平塚市では、学区ごとに学校の校長から担任の先生、青少年指導員、町内会長などが集まり、学校や生徒の状況を情報共有しています。「この子は今家庭で朝ご飯を食べられていないから、学校に行く前に我が家に立ち寄らせて食べさせる」ということまでやってくださっています。

大阪府箕面市や東京都足立区では、学校の教育データや健康診断情報を家庭のデータとつなぎ合わせることで、地域と学校の連携をデジタル化しています。データを活用することで子どもが直面しているリスクを感知できれば、制度の縦割りを乗り越えて、プッシュ型で必要な支援を届けることができます。

デジタル化というと無機質な印象がありますが、困難に直面している人たちをしっかりとサポートすることができるからこそ、私たちは行政のデジタル化を進めようとしているのです。

第八章

温もりを大切にするデジタル化

菅内閣で規制改革担当大臣を拝命してから、行政のデジタル化を進めるためのさまざまな規制改革に取り組んできました。報道ではハンコの問題やファックスを含めた紙を重んじる行政手続きばかりが取り上げられてきましたが、それだけではありません。オンライン教育やオンライン診療の実現、政府統計のデータフォーマットの統一と二次利用手続きの簡素化、行政の行う各種調査の簡素化と重複の排除、納税や手数料などの支払のキャッシュレス化、事務処理の合理化、簡素化とワンストップ化、法的根拠のない通知の廃止や明確化等々。中には獣医による魚病のオンライン診療に関して、初診は対面でなければならないと主張した農水省を説得して、魚のオンライン診療を初診から可能にしたこともありました。

行政をデジタル化することによって、手続きの簡素化、データ連携で実現する新しい行政サービス、行政の側から支援や情報を必要とする人に届けるプッシュ型サービスなど、新しい価値が生み出されます。

また、デジタル化の推進は、社会や経済も大きく変化させる推進力になります。経済や産業のデジタル化で、日本は後れを取ったとの認識もありますが、ここで勝負を諦めてはいけません。デジタル化の推進は、日本の産業競争力にも直結します。

いずれにせよ大切なことは、デジタル化を通じて、一人ひとりの人間が中心となる社会をつくっていくことであり、これを通じて、持続的な経済発展と社会的な課題の解決を実現することです。

デジタル化が目指すもの

少子化や高齢化が進む日本では、子どもを育て、高齢者を見守っていくために、これからますます人の温もりが大切になり、人が人に寄り添うことが重要になっていくでしょう。しかし、これから人口が減る我が国で人の温もりを大切にしていくためには、デジタル化やオンライン化で省人化を進めたり、人がやらなくてもよいことはロボットやＡＩに任せたりしていかなければなりません。その結果、人がやるべきことに人手を集中させることができるようになります。

デジタル化という一見、無機質な言葉の目的は、これまで以上に人の温もりに価値を置く、これまで以上に人に寄り添う社会なのです。

デジタル化が作り出す行政とは何でしょうか。一言で言えば、行政の目線を集団から個へと転換していくことです。これまでの行政は、個を見ることができず、集団に対して最大公約数的な真ん中を狙った施策を行ってきました。

一番わかりやすい例は教育でしょう。これまでの学校は、四〇人学級の平均に合わせた授業を行ってきました。できる生徒にとっては、授業がつまらなく感じたでしょう。反対につまずいてしまった子どもには、わからない授業は苦痛でしかありません。

一人ひとりの生徒の理解度に応じたオンライン授業を行うことができるようになれば、できる生徒はどんどん先に進み、理解できなかった生徒は理解できるようになるまで繰り返し学ぶことができます。

デジタル化した行政が持っているさまざまなデータを組み合わせることで、集団から一人ひとりを浮かび上がらせ、最も効果のある手を打つこともできるようになります。児童虐待の場合、これまでは児童相談所が通報を受けたり、学校健診で診察した校医があざに気がついたりという、何か事態や現象が起きてからでなければ行政は児童虐待を認知することができませんでした。

しかし、前述の箕面市や足立区といった先進的な自治体は、子どもや子育てに関する行政を教育委員会に統合することで、子どもに関するさまざまな情報やデータを一元的に見るようにしています。その結果、身長、体重が平均的な成長曲線から外れている、急に成績が落ちた、情緒不安定になったなど、一人の子どもに関する情報と、その子どもの両親や家庭に関する情報を組み合わせることで、児童虐待やいじめ、あるいは家庭内の不和などの問題に直面している子どもをいち早く発見し、子どもに手を差し伸べることができるようになりました。

コロナ禍や災害時における支援も、行政をデジタル化することで申請を待つことなく対象となる個人や企業を特定できるようになります。そしてもしマイナンバーに口座が紐付けされていれば、その口座に支援金を振り込んでから「あなたが対象となる支援策があったので、支援金を入金しました」と連絡するようなことも可能です。デジタル化によって行政はワンストップ、そしてプッシュ型を実現することができます。

シンガポールに学ぶこと

シンガポールでは、行政にデジタル技術を活用しています。シンガポールの国民ほぼ全員が、自分のスマートフォンから行政手続き用に統一されたサイトにアクセスし、そこからパスポートや運転免許証の更新をはじめ、さまざまな行政手続きができるようになっています。そのためにシンガポールでは、個人のスマホが国民のＩＤ番号に紐付けされています。番号登録されている自分のスマホから行政の統一サイトにアクセスすると、顔認証で本人であることが確認されます。パスワードを覚える必要もありません。

「スマートフォンを持っていない人はどうするのか」と聞いたところ、低所得者には政府が助成してスマホやタブレット等を持ってもらい、使い方がわからない人には地域の公民館のようなところに使い方をサポートする人がいるそうです。

シンガポールの国民ほぼ全員が、このシステムでオンラインにアクセスしていることから、銀行をはじめ、多くの民間企業も本人確認システムを利用してサービスを提供しています。たとえば銀行の口座が紐付いていて、相手のスマホの番号だけで相手に送金することができます。

デジタル化の最も重要な、最初の一歩は本人確認です。

たとえば、ネットバンキングでお金を振り込むときに一番大切なことは、振り込みの指示を出している人物が間違いなくその口座の名義人であることを確認することです。オンラインで買い物をするときや、オンラインで何かの契約を更新するときも同じです。

日本でも今、さまざまな行政の手続きを紙の書類からオンラインに移行しようとしています。そのときにも、手続きの申請者が間違いなく本人であることを確認することが最も大切です。しかし現在は、複数の銀行に口座を持っている場合、銀行ごとのログイン方法で、それぞれのパスワードを使ってログインしなければなりません。アマゾンで、楽天で、ユニクロでオンラインショッピングをしようと思ったら、それぞれのサイトのログイン方法で、それぞれのパスワードを使ってログインしなければなりません。

では、もし政府の手続きをオンラインにしたら、あるいは都道府県、市区町村の手続きもオンラインに移行したら、同じようなことになるのでしょうか。省庁ごと、都道府県ごと、市区町村ごとの行政手続きのサイトからそれぞれのパスワードを使ってログインして、手続きをしなければならないのでしょうか。

いや、その前に、それぞれの自分のアカウントを作成するために、各省庁、各都道府県、各市区町村に、マイナンバーカードのコピーか運転免許証のコピーを送って、住所に確認のはがきが郵送されてきて、それを持って役所に行って本人確認しなければならない……。あまり便利ではありません。

自分にとって必要な手続きを、民間であろうが行政であろうが、一つのサイトからできたら便利です。それを可能にするのが、マイナポータルというサイトです。

マイナポータルにログインするためには、最初にしっかりと本人確認した上で発行したマイナンバーカードに搭載されているＩＣチップの電子証明書を活用します。そうすれば、そこにログインしてこれからオンライン手続きをやろうとしているのは河野太郎だということがはっきりします。その上で、マイナポータルのサイトに各省庁、各都道府県、各市区町村の手続きを接続させれば、いちいち手続きごとに「私は河野太郎ですよ」ということをログインして証明しなくてもよくなります。

また、マイナポータルからパスポートの申請サイトや運転免許証の更新サイト等、さまざまな行政のサイトに飛んで、行政の手続きを行えるようになります。国の手続きだけでなく、都道府県や市区町村の手続きにも飛べるようになります。マイナポータルで本人確認をしているので、さまざまな行政手続きごとに本人確認をする必要がありません。

さらに自分が口座を持っている銀行や、よく使うオンラインショッピングのサイトなどから、自分のマイナポータルにログインして、さまざまな手続きのサービスや、本人確認のサービスを利用できるようにもなります。

二〇二一年現在、マイナポータルにスマートフォンからログインしようとすると、四桁のパスワードを入力し、次にマイナンバーカードのＩＣチップの情報を読み取らなければなりません。

しかし、近い将来、スマートフォンにマイナンバーカードの情報を格納し、マイナンバーカードがなくともマイナポータルにログインできるようになります。パスワードの代わりに顔認証を使うことにもなるでしょう。そうなれば、スマートフォン一つあれば、運転免許証や保険証は要らなくなるはずです。

免許証や保険証の確認も、スマートフォンから顔認証でマイナポータルに入れば、そこから免許証や保険証の情報にアクセスができて、さらに自分で同意すれば、その情報をマイナポータルに置いておく方法も可能になるでしょう。

マイナンバーとマイナンバーカードとマイナポータルの関係がよくわからない、という声を聞きます。マイナンバーは、あなた固有の番号で、行政組織が持っているさまざまなデータを連携させるために使います。マイナンバーカードはあなたのマイナンバー情報を明記した本人確認書類であるとともに、オンラインであなた本人を証明する情報を暗号化し、ＩＣチップに格納したものです。マイナポータルとは、マイナンバーによるあなただけのオンライン手続き窓口です。

行政のデジタル化の個人側からのゴールは、マイナンバーカードの本人確認機能を格納したあなたのスマートフォンからあなたのマイナポータルにログインすることで、さまざまな行政手続きをできるようにし、また、必要な情報に簡単にアクセスできるようにすることです。そして、行政サービスを必要としている人に必要な施策や情報を、行政側からプッシュ型で届けられるようにすることです。

行政のデジタル化は始まったばかりですので、マイナポータルからできることはまだまだ限られています。しかし、マイナポータルから提供される行政サービスが増えるにしたがって、マイナポータルにログインする人の数が増えていくはずです。そうなれば、マイナポータルと連携してサービスを提供する民間企業も増えていくでしょう。

データの共有

LINEを活用したコロナの全国調査を初めて行った宮田裕章慶應義塾大学教授と対談したときに、通貨や石油等の富は他者と共有できないけれども、データは共有できる、いや、そもそもデータは、他者と共有することでその価値が大きくなる、という宮田教授の議論に感銘を受けました。

たとえば、一つの店の売り上げデータだけを見てもその店の売れ筋がわかるだけですが、たくさんの店の売り上げデータを足し合わせることで、全国的な売れ筋商品のトレンドをつかみ、仕入れに生かしていくことができます。データをお互いに提供し合うことで、新たな富につなげることができるのです。新型コロナウイルスとの戦いの中でも、多くの国が医療データを持ち寄ることで、治療方法やワクチンの開発を加速化することができました。

世界を見渡せば、たとえばアメリカではグーグル、アマゾン、フェイスブック、アップルなどのプラットフォーム企業が莫大なデータを囲い込み、利用することで儲けています。一方でヨーロッパは、国民一人ひとりにデータ利用の了解を得ながら運用を進めています。この反対が中国で、共産党がデータを独占していることは周知のとおりです。アメリカ型や中国型は、データの保有者の違いはありますが、国民の個人情報の取り扱い方として肯定できません。しかしヨーロッパ型がよいかといえば、理念は頷けるものの、手続きが煩わしすぎます。

では、我が国はデータをどう扱うべきでしょうか。日本は、諸外国とさまざまなデータを共有して、国が持つ全体の価値を上げていく道を取るべきです。データを政府や一部の企業が囲い込むのではなく、個人情報を取り除いたデータの部分をオープンにする代わりに他国からも提供してもらうことで、双方が得られる富を増やすことができるはずです。その手法を進めることで、新たなかたちの社会が始まります。

日本はデータの管理、運用において、国際的に遅れているとしばしば指摘されてきましたが、欧米や中国とも異なる独自の突破口があるはずです。二〇一九年六月に大阪で開催されたG20において、日本はDFFT（Data Free Flow with Trust）という自由で公正なデータ流通の実現を目指す考え方を提唱し、多くの参加国の賛同を得ました。国際的なデータ管理におけるルールづくりでリーダーシップを発揮するために、今こそ日本外交の手腕が問われています。

もちろん、データにまつわる懸念がないわけではありません。たとえば、新型コロナウイルス感染症のワクチンを開発する段階ではデータを各国でシェアしていたのに、いざワクチンが完成したら、そのワクチンが全世界に平等に配布されない現実もあります。データの時点では皆で共有できるにもかかわらず、消費財になった途端に奪い合いになるという歯がゆい現実です。

デジタル化で温かく信頼される政治を

データ連携の話をすると、必ず条件反射のように「プライバシーを侵害する」「国家が個人情報を保有するのは監視社会だ」と批判する声が上がります。しかし、支援を必要としている人たちに支援を届けるためには、一人ひとりの状況を把握する仕組みが必要です。弱者を救うためにこそ、「弱者がどこにいるのか」を捕捉する必要があるのです。

たとえば新型コロナウイルス感染症に関して、一〇万円の給付金を支給する場面でも、マイナンバーと口座の紐付けが個人ごとになされていないため、紙の書類を提出してもらわなければならず、そのコストと時間は莫大なものになりました。困っている人に政府が手を差し伸べる際、最小限の時間とコストで、必要な支援が必ず必要とする人に届くことが大切です。

デジタル化は、世の中を便利にするだけでなく、少子高齢化で子どもの数が減少する中、将来の日本を背負う子どもを健全に育てるために、一人ひとりの子どもに寄り添うことを可能にします。子どもの貧困や虐待のサインを見逃さず、また高齢者の見守りや介護をしっかりと行うためにも、デジタル化が必要です。

世帯の貧困に関しては、イギリスのように世帯の所得をリアルタイムで捕捉できていれば、コロナの影響で突如、仕事を失い、所得がなくなった世帯を迅速に支援することができるようになります。緊急事態宣言で、休業要請するときも、企業ごとに必要な金額の休業補償をすることができます。緊急に補償や支援を提供するためには、データの活用が可能な行政が必要です。

行政のデジタル化ができれば、雇用のミスマッチの解消や所得の公正な再分配と格差の是正が可能になります。

行政が現在、保有しているデータだけでは、格差や貧困の解決には不十分です。たとえば、国民の確定申告のデータは一年前の情報ですから、コロナ禍によって世帯収入がどれだけ減ったかわかりません。世帯の月ごとの所得情報があれば、「この家庭は収入が大きく減っていて、しかも子どもが五人もいるから最初に給付金を出す必要がある」といった、ピンポイントの対応を実現することができます。

自戒を込めて言うならば、もしも二〇一六年の熊本地震の後にでもデジタル庁を立ち上げていれば、今回のコロナ禍ではまったく違う対応ができていたかもしれません。当時はアナログでうまくいってしまったがために、かえってデジタル化への動きが進まなかったのも事実です。幅広く、そしてリアルタイムでデータを集める制度設計に、早急に取り組まなければなりません。

デジタル再分配も重要に

デジタル化には負の側面もいくつかあります。一つは、デジタル化に対応できない人が置き去りになってしまうという問題、もう一つは、富が偏在しがちであるということです。

たとえば、デジタル化がより進むと、スマホやパソコンのような端末を何一つ持っていなければ、行政サービスを知り、使うこともできなくなってしまいます。すべての人がデジタル化されたサービスを利用できるようにするということは、憲法第二五条が定める生存権の一つと考えてよいでしょう。ＧＩＧＡスクール構想によって、すべての小中学生に一人一台の端末を配布するのも、同じ発想に立っています。今後、すべての人が何らかの端末を持てるよう、行政としてサポートしていくことが必要となるのではないでしょうか。

また、ワクチン担当大臣として痛感したことですが、それぞれの自治体で行われたワクチン接種の予約受付の最初の段階で、パソコンやスマートフォンが使える人とそうでない人に、ある種の機会の差が生まれたことは、今後、デジタル化を進めていく上で忘れてはならないことです。こうした事態に対して、自治体によっては、地域の繋がりをうまく活用したり、かかりつけ医や訪問看護師が高齢者に代わって行政との調整を進めたりした例もありました。端末を配るばかりではなく、みんながデジタル化の恩恵を受けられるように、使い方も含めてしっかり支援していくことが必要です。

さらに、誰一人取り残さないためには、支援を必要としている人にしっかりと支援が届かなくてはなりません。生活保護は社会保障の一つのセーフティネットではありますが、唯一のセーフティネットになってしまってはいけません。また、生活保護を受けている人よりも、非課税世帯のほうが実質的にはより貧困状態にあるという指摘もあります。

所得の高い人には所得税を課して、所得の低い人には給付する「マイナスの所得税」による直接給付が世界の潮流になっていますが、これまでそれを選択してこなかった日本では、非課税世帯には税制面で何も対応できていません。さらに各種の支援制度があるものの、それぞれの制度が複雑で、当事者も、現場の自治体の担当者も、支援制度の全体像が見えず、利用しきれていません。そして行政として、貧困の実態を把握できていません。

さまざまな事情で苦境に陥《おちい》った人たちでも、何らかの支援さえあれば、その苦境から脱することが可能なはずです。コロナ禍で、そうした苦境に陥っている人はますます増えています。本人の状況は刻々と変化しますが、その状況をしっかりと把握することができれば、適切な支援につなげられます。たとえば、必要な研修や訓練を受講することによって技術を習得し、仕事を得ることも可能になります。そのためにも、デジタルデータの活用が有効なのです。こうした対応を積み重ねることができれば、既存の制度である税制や社会保険料についても、どのような修正が必要なのか、といった検証が進むはずです。

加えて、デジタル化社会の負の側面を踏まえれば、税制の踏み込んだ改正も必要となるのではないでしょうか。たとえば所得に関わる税制を考えれば、一般的な所得税については、累進課税が適用されていますが、金融所得については一律の税率となっています。こうした制度によって、労働所得の一部を金融所得の形で付与する例も出てきます。そうした歪みが発生してしまうのは、やはり制度が問題だからではないでしょうか。

もちろん、金融市場への配慮は必要ですが、これからの社会や経済を考えれば、金融所得の課税については、その税率を一定程度引き上げるといった対応を検討するべきではないでしょうか。

デジタル時代の人への投資

かつての日本では、企業が従業員とその家族の生活を保障するという役割を担っていました。そのため世帯主の男性の正社員の給与と扶養家族である女性のパートの給与に差があることは、ある意味、正当化されてきました。しかし、主に女性や若者、高齢者の就業機会とされていた非正規雇用が一九九〇年代後半から壮年の男性にも広がるようになり、厚生労働省の「毎月勤労統計調査」の雇用形態別の調査が始まった一九九三年に一七%だったパート比率は二〇一六年には三一%まで上昇しました。

現在の労働市場は、正規社員という圧倒的に守られたグループと非正規社員という極めて薄い保護しか受けられないグループに分断され、給与面でも大きな格差をつけられています。厚生労働省の「毎月勤労統計」によれば、二〇一五年の一般労働者の月額の平均現金給与総額四〇万八〇〇〇円に対してパートタイム労働者は九万八〇〇〇円となっています。

欧米などの諸外国では、職務内容を明確にして、その内容で給与が決まるのが一般的ですが、日本では雇用形態が正規か非正規かで賃金水準が異なり、フルタイム労働者は正規が多く、パートタイム労働者は非正規が多くなっています。その結果、日本の正規、非正規労働者の賃金格差は諸外国と比較しても大きくなっています。フルタイム労働者の平均賃金水準を一〇〇とするとパートタイム労働者の平均賃金は、フランスで八七、イギリスで七三、ドイツが七二に対して、日本は六〇にとどまっています。

業務が同じで賃金も同じ、同一労働同一賃金の原則が導入されるべきです。働く時間や勤務地などで給与に差がつくことはあるでしょう。しかし、社会保障や休暇、雇用の保護といった面では同じ待遇を受けられるようにすべきです。

高度成長期には、日本企業は、製造業を中心に、若者を新卒一括採用し、企業内で人事異動させて、その企業独特の業務のやり方や固有の技術をたたき込み、年功で賃金が上がっていくという人事システムを採用していました。しかし、国際競争が激しくなり、国際間での水平分業が進み、付加価値がハードからソフトに移っていくと、その企業特有のシステムを理解している人材よりも、標準化された技術を活用できる人材が求められるようになり、内部での人材育成から即戦力の中途採用に重点が移るようになりました。さらに少子化でピラミッド型の労働人口という前提も崩れ、これまでの日本型の労働慣行が崩れつつあります。それに伴って、これまで企業内で行われてきたさまざまな職業訓練や自己啓発の支援が低下しています。

現在の人的資本への投資の低下は、将来の生産性と賃金の停滞につながります。IT分野などで新たなスキルが生み出され続けている中で、若年層や低学歴の労働者への訓練機会の提供が不可欠です。基礎的な学力の向上から大学院レベルの継続的な教育の充実まで、人への投資を確実にする教育改革、教育機関改革が必要です。

株主重視の経営が求められるようになったことが賃金のあり方に変化をもたらした、という研究もあります。メインバンクとして企業を支えてきた都銀や地銀の株式保有割合が低下し、機関投資家や外国人株主の割合が高まってきています。企業統治のあり方、経済のグローバル化、競争の国際化が、経営者を賃上げに対して慎重にさせています。

労働分配率を一定以上に引き上げた企業については、法人税の優遇税率の適用を認めるべきです。これによって、人件費を増やした企業は法人税が減免されます。税金をたくさん納めるぐらいならば社員の給与を引き上げようというインセンティブと賃上げを株主に説明する材料を経営者に与える必要があります。

最低賃金のゆるやかな引き上げも必要です。最低賃金を引き上げることで、家計消費が喚起され、また、生産性が向上します。二〇一九年には最低賃金が全国加重平均で九〇一円となり、東京都と神奈川県では初めて一〇〇〇円の大台に乗りました。所得水準が低い世帯は平均消費性向が高く、最低賃金の引き上げは、消費拡大につながります。シングルマザーなどが貧困（ワーキングプア）とならないためにも、最低賃金の引き上げは重要です。最低賃金の引き上げに加えて非正規労働の正規化や男女格差の解消を進めるなどの処遇改善が必要です。

他方、最低賃金の引き上げは、最低賃金に近い賃金で働いている短時間労働者の多い業種では負の影響ももたらします。たとえば「卸売業、小売業」「宿泊業、飲食サービス業」などは最低賃金の引き上げの影響を最も受ける業種です。また、「製造業」は、短時間労働者は相対的に多くないものの中小の製造業は、引き上げによる影響を大きく受ける可能性があります。

最低賃金の引き上げが、労働者の研修や訓練、設備投資による資本装備率の引き上げ、製品やサービスの価値の向上などを通じて労働生産性の向上につながれば、企業利益への影響を抑えることができます。反対に、最低賃金の引き上げが、雇用調整や設備投資の抑制につながる可能性があり、どの程度のペースで引き上げるか、しっかりとした議論が必要です。

また、現在のように、都道府県別の最低賃金の設定は、地方から大都市、特に東京に人を集めることにつながります。最低賃金を全国一律の設定にすることで、都心から物価の安い地方への人口の移転を促進します。緩やかに最低賃金を引き上げる中でも地方の最低賃金の引き上げ幅を少し大きくし、やがて全国一律にします。

地方経済の活性化

これから二〇四五年にかけて、東京都以外の道府県は、人口が減っていくと予測されています。また、高齢化率も東京はさほど上がりません。そのため東京では、地方の危機感を共有しにくくなっていますが、これからの日本経済を考えると、地方の経済をどう維持していくのかが大きな課題です。

そのためには、まず、東京圏への人口の一極集中を是正する必要があります。

二〇一五年の上場企業の本社所在地を見ると、東京都に五一％と半分が集まっています。その次が大阪府の一二％、愛知県の六％、神奈川県の五％と大きな差があります。また、二〇〇四年から二〇一五年にかけて、上場企業の五％が新たに本社を東京に移しています。スタートアップ企業も東京に偏っています。日本全体のスタートアップ企業による資金調達は、二〇一八年に日本全国で三八七八億円でした。その中で、東京都に所在するスタートアップ企業の調達額は三〇〇三億円と全体の七七%に達します。

バブル期の一九九〇年を振り返ってみると、若い女性は、短大、高専、大学及び大学院に通うために、大幅な東京都への転入超過になっていましたが、短大、高専、大学及び大学院を卒業した女性は、東京都からの転出超過になっていました。バブル期は、女性は高等教育のために東京都に来ても、卒業すると地元に帰ることが多かったと思われます。しかし、だんだんと二十代、三十代の女性が卒業しても東京都に残るようになり、二〇〇五年以降は、女性のほうが男性よりも東京に残るようになりました。つまり、高等教育のために東京都に転入してきた女性が出産適齢期に、就職の関係で東京に残っています。

東京圏以外から見れば、若い女性が転出してしまうということは、将来の子どもたちも転出してしまうことになり、将来の人口減につながります。高学歴の女性を東京から地元に戻すためには、仕事と育児の両立を支援するだけでなく、高学歴の女性のための就職先を充実させていくことが必要です。

東京から本社を含めて、企業を地方に分散させていく必要があります。

まずやるべきは、法人税です。東京圏から移転した企業に一定期間の軽減税率を適用することもできます。あるいは東京圏外の企業には、軽減税率を適用するということもできるでしょう。

新型コロナウイルス感染症の拡大を防ぐために、多くの企業がテレワークを導入しました。やってみればテレワークでも十分できるという仕事がかなりあったはずです。東京圏にいなくとも、さまざまな仕事をすることができれば、人口の一極集中は防げますし、企業も広いオフィススペースを家賃の高い東京に確保する必要はなくなります。

中央省庁や独立行政法人などの地方移転も、地方での雇用の創出という観点から、有効です。国会対応や省庁間や法制局との協議はどうするのかなど、やらない理由はすぐに挙がるでしょうが、地方分散を実現するためのテレワークなどのＩＣＴ（情報通信技術）を活用するいい機会です。私が消費者問題担当大臣のときに、消費者庁の一部機能を徳島県に移転させました。消費者庁の全面移転もその後、検討することになっていましたが、残念ながら私が退任した後、全面移転はしないことになってしまいました。現在は、中央省庁は霞が関に集まっているものだという前提で、さまざまな仕組みが作り上げられてます。もしその前提が、官公庁は、全国に散らばっているものというようになれば、それに応じた仕組みを作ればよいだけです。遅れている行政のＩＴ化も進むしかなくなります。

おわりに

私がまだ当選一回のころ、かつて祖父・河野一郎の派閥に属していた元議員が亡くなって、葬儀に親父の代理で出席したことがあります。告別式の中で、やはり河野一郎と近しかった方が弔辞を読まれました。

その弔辞の中で、「君は河野一郎の三つの教えを忠実に守っていた」と故人を褒めるくだりがありました。そのときまで「河野一郎の三つの教え」など、親父からも聞いたことはありませんでした。

第一に、衆議院議員の肩書きを最も大切にしろ。

衆議院議員という肩書きは、選挙で選ばれて、国民から与えられるものである。大臣だの党三役だのという肩書きはそうではない。だから衆議院議員という肩書きを最も誇りに思い、その肩書きが泣くようなことをするな、ということでしょう。

第二に、陽の当たらないときも胸を張って歩け。

祖父・河野一郎は、戦時中に軍部に反対して非推薦で立候補したり、捕まって選挙中牢屋の中にいたり、戦後も除名されたり、離党して八人の侍（河野一郎・三木武吉・山村新治郎・池田正之輔・松田竹千代・中村梅吉・安藤覚・松永東）で吉田茂と戦ったりと波瀾万丈の政治家でした。まともに公認をもらって選挙をやったのは、最後の数回しかありません。だから不遇のときも卑屈にならず胸を張れ、ということなんだなと思います。

菅義偉総理とは、初当選同期で同じ神奈川県、二人とも酒が飲めないという共通点がありますが、なぜか、総裁選挙で本命ではない候補者の応援を何度も続けて一緒にやりました。「河野太郎は、負け戦でも堂々としているな」「お互いさまですね」という会話をしたことを覚えています。

第三に、仲間を大切にしろ。

二〇〇九年の自民党の総裁選挙に出馬するときに、派閥の麻生太郎会長から「総裁選挙の推薦人になるということは、その議員のその後に大きく影響する大変なことだ。河野太郎の推薦人になるということは、他の議員の推薦人になることの何倍も大変だ。だから、推薦人になってくれた人のために身体を張れよ」と言われました。議員一人ではできなくても、仲間のおかげで実現できることがたくさんあります。

それ以来、この三つを心に刻みながら、政治活動をしてきました。

衆議院議員として申し上げれば、もっともっと国会で「議論」をすべきだと思います。現在の国会では、自分の身を安全地帯に置いたまま、大臣に質問するということにほとんどの時間が費やされています。「討論」の時間も、あらかじめ用意された原稿を所定の時間内に読み上げるだけ。わかりやすい政治を実現するためには、国会の場で、議員同士が、さまざまな問題について議論を戦わせるということが必要だと思います。

本文にも書きましたが、衆議院議員として、その時々に自分がやっていることを、なるべくわかりやすくお伝えしていきたいと思ってきました。そのためにブログ（https://www.taro.org/category/blog）やメールマガジン、あるいは毎月のニュースレター、二カ月に一度の生放送など、自分の声を直接、伝えられるメディアを使っての発信に力を入れてきました。また、暇つぶしと言って始めたツイッター（@konotarogomame）が、二〇〇万人をはるかに超えるフォローをいただくようになりました。これからも丁寧な情報発信に努め、マスメディアの報道の隙間を一つひとつ埋めていきたいと思います。

しかし気がかりなのは、昨今のソーシャルメディアの状況です。インターネットやソーシャルメディアを通じて誰もが手軽に情報を発信できるようになったのは、印刷技術の発明に匹敵するような革命的なことです。しかし、その匿名性のおかげで、発信される言葉があまりに攻撃的になっているのではないでしょうか。道ですれ違った見知らぬ人をいきなり罵倒することはないのに、ソーシャルメディアには読むに堪えない罵詈雑言が溢れています。ツイッターで非論理的に罵っている人のプロフィールを見ると、若者の師たる大学教授であったりします。我が国の言論空間はどうなってしまったのか、という強烈な危機感を抱いているのが正直なところです。

政策について議論するのであれば、当然ながら政策の功罪を議論すべきです。しかしネットでは、意見の違う相手の人格否定に終始することも少なくありません。自分と意見の異なる人を見つけると、「あいつは売国奴だ」という決まり文句を浴びせるありさまです。コロナ禍の閉塞感もあってか、ネット上で触れる意見の幅はよりいっそう狭まっているのではないでしょうか。

インターネットとは、正しく利用すれば多様な情報や意見に触れて、人間の幅を広げることができる有用なツールです。客観的な思考やメディアリテラシーとともに、ソーシャルメディアの時代の「礼節」を大事にしてほしいと思います。

紙面の都合もあって今回、すべてを書き切ることはできませんでした。菅内閣で進めてきた規制改革や霞が関の働き方改革、あるいはこれからの経済政策など、書きたいことはまだまだあります。また、いずれ近いうちにこの続きを書くような機会があればと願っています。最後に、執筆にあたってＰＨＰ総研主席研究員の亀井善太郎氏、ＰＨＰ研究所の永田貴之氏と白地利成氏、ハッピー・ビジネスの清水泰氏には構成、内容面で有益な助言をいただきました。この場を借りてお礼を申し上げます。

お忙しい中、この本にここまでお付き合いいただきありがとうございました。

河野太郎

二〇二一年七月吉日

PHP新書
PHP INTERFACE
https://www.php.co.jp/

河野太郎［こうの・たろう］

国務大臣・衆議院議員。1963年生まれ。米国ジョージタウン大学卒業後、富士ゼロックス入社。96年10月、第41回衆議院総選挙にて神奈川第15区で初当選(現在、8期目)。国務大臣国家公安委員長、行政改革担当、国家公務員制度担当、内閣府特命担当大臣(規制改革、防災、消費者及び食品安全)、外務大臣、防衛大臣等を歴任。2020年9月より行政改革担当、国家公務員制度担当、内閣府特命担当大臣(規制改革、沖縄及び北方対策)。21年1月より、新型コロナウイルス感染症ワクチン接種担当大臣も務める。

日本を前に進める

(PHP新書 1274)

二〇二一年九月九日　第一版第一刷

著者――河野太郎
発行者――後藤淳一
発行所――株式会社PHP研究所
東京本部――〒135-8137 江東区豊洲5-6-52
第一制作部 ☎03-3520-9615(編集)
普及部 ☎03-3520-9630(販売)
京都本部――〒601-8411 京都市南区西九条北ノ内町11
組版――有限会社メディアネット
装幀者――芦澤泰偉+児崎雅淑
印刷所
製本所――図書印刷株式会社

ISBN978-4-569-85031-3

ＰＨＰ新書刊行にあたって

「繁栄を通じて平和と幸福を」（PEACE and HAPPINESS through PROSPERITY）の願いのもと、ＰＨＰ研究所が創設されて今年で五十周年を迎えます。その歩みは、日本人が先の戦争を乗り越え、並々ならぬ努力を続けて、今日の繁栄を築き上げてきた軌跡に重なります。

しかし、平和で豊かな生活を手にした現在、多くの日本人は、自分が何のために生きているのか、どのように生きていきたいのかを、見失いつつあるように思われます。そして、その間にも、日本国内や世界のみならず地球規模での大きな変化が日々生起し、解決すべき問題となって私たちのもとに押し寄せてきます。

このような時代に人生の確かな価値を見出し、生きる喜びに満ちあふれた社会を実現するために、いま何が求められているのでしょうか。それは、先達が培ってきた知恵を紡ぎ直すこと、その上で自分たち一人一人がおかれた現実と進むべき未来について丹念に考えていくこと以外にはありません。

その営みは、単なる知識に終わらない深い思索へ、そしてよく生きるための哲学への旅でもあります。弊所が創設五十周年を迎えましたのを機に、ＰＨＰ新書を創刊し、この新たな旅を読者と共に歩んでいきたいと思っています。多くの読者の共感と支援を心よりお願いいたします。

一九九六年十月

ＰＨＰ研究所